こころの寺めぐり

神山 里美
Kouyama Satomi

ゆいぽおと

薬師寺　西塔

薬師寺　東塔

喜光寺の蓮
後ろにチラッと見えるのは本堂です

斑鳩の里　三つの塔のひとつ法輪寺の三重塔

般若寺の美しいお地蔵さまとコスモス

初秋の飛鳥　彼岸花の小路

橘寺の周りを囲むように
咲く彼岸花

飛鳥石舞台古墳
巨大です！

亀石　かわいいです！
でも、おかっぱ頭の少女にも…

明日香村の白い彼岸花

飛鳥大仏　ほら！爪が伸びているように見えません？

安楽寺書院から…
今にも溶け込んでしまいそうな光景

安楽寺　普段は開かずの扉
春と秋に特別拝観があります

法然院の秋の白砂壇
もみじと銀杏

苔と石と影が三位一体となった
美しい法然院の飛び石

屋根の苔の緑と紅葉が美しい
法然院の門

妙顕寺　息をのむ美しさ
京都の紅葉は半端でない

はじめに

私が初めて、お寺めぐりに出かけたのは、ある夏の暑い日……。

前夜、「古寺巡礼」という番組を見たことがきっかけでした。

勇ましい仏像の姿に魅せられて……というのも本当なのですが、新しい環境に少し疲れていて、そこへ行けば何かいいことがあるような気がして、まさに吸い寄せられるように奈良へと向かったのです。

ラジオのパーソナリティという仕事をしていると、行動力もあって、人付き合いも上手くて……なんて思われがちですが、私、意外と私生活、地味なんですよね。

自分ひとりで遠くへ出かけるなんてことは、まず、ありませんでした。

そんな私が、お寺めぐりをはじめてまる十二年。よくここまでつづけることができたなと思っています。

私が十二年間でめぐったお寺の数は四百ヶ寺を超えます。

今回選んだ三十五のお寺は、観光として訪ねてもらうには、最適のお寺ではないかもしれません。私のこころの変化や成長とともにあったお寺を選びました。

人と接することは、とても難しいこと。でも、とても楽しく、すばらしいことです。

それを教えてくれたのが、ここに書いたお寺なのです。

不思議なもので、お寺めぐりを通して、いろいろな人と出会う機会にも恵まれ、こうして本まで出版させていただくことができました。

これも大先輩の水谷ミミさんを通じて、ゆいぽおとの山本直子さんとの出会いがあったからなのです。お話をいただいたとき「私に本なんて、とんでもない！」と躊躇していた私の背中を押してくれたのも水谷ミミさんでした。ありがとうございます。

十二年間の思いが詰まった、この本の原稿を書き終わって、今、あらためて思います。

私がもらった一歩前へ踏み出す勇気のきっかけ、それをみなさんにも感じとってもらえたなら……しあわせです。

こころの寺めぐり　もくじ

写真　神山里美
デザイン　田中悦子

出会い、そして……

新薬師寺【しんやくしじ】

やっと会えましたね。

目の前に立っている仏像に向かって、私は心の中で、そうつぶやいていました。

これまでの私からは、想像もできない行動力。

たまたまテレビで見た仏像の姿に魅せられて、翌日には奈良へ向かう電車に乗っていました。心惹かれたその仏像の名はバサラ。

燃えさかる炎のように逆立つ髪、何かを見据えるような目。大きく開かれた口は何か叫んでいるような……。まっすぐ下げられた左手は力いっぱい開き、右手に持った剣は、今まさに振り上げようとする瞬間。

そう、何かに向かって戦いを挑む、それが間近で見たバサラの姿でした。

等身大（一六二・九cm）のバサラの像は、静から動へ移る時、人がぐっと力をため込み、爆発する瞬間とでもいうのでしょうか……実に力強い美しさでした。

奈良、新薬師寺。

このお寺の本堂の中央には悠然と薬師如来が座っています。その薬師如来を守るように円陣を組む十二体の仏像、十二神将《じゅうにしんしょう》。

「クビラ、メキラ、アンテラ、アニラ、サンテラ、インダラ、ハイラ、マコラ、シンタラ、ショウトラ、ビギャラ……」

そして、十二神将の総大将がバサラ（注）なのです。

薬師如来を守る十二神将、その光景はまさに荘厳！

わが国、最古で最大の十二神将像です。

しかし、十二神将はなぜ、薬師如来を守っているのでしょうか？

仏の世界では、西方《さいほう》極楽浄土を創ったのは阿弥陀さまといわれています。

では、東方《とうほう》浄瑠璃の世界を創ったのは？

……そう、薬師さまなのです。

薬師さまは、この世で病に苦しむ人々を救い出すための法力を身につけるため、苦しい修行をはじめます。ところがそれを邪魔するたくさんの悪魔がいました。そのとき、薬師さまを助け、悪魔たちと戦ったのが十二神将なのです。彼らはそれぞれに七千もの将兵を持つ大将です。十二神将が率いる将兵は八万四千という大軍団となります。

つまり、それだけの大軍で戦わねば悪魔を倒すことはできないのです。

薬師さまは、やさしい医者のようであり、人々の病を治すという大切な役割があります。だから十二神将たちは全軍を率いて戦い、薬師さまの願いとする浄瑠璃国を創ることに命をかけます。すなわちそれは、私たち人のためということにもなるのです。

ご本尊の薬師如来の目はやさしく私を見つめます。

（注）十二神将像の名称は、国指定と新薬師寺指定とでは異なっています。

右手を軽く上げ、左手には薬師如来の象徴である薬の壺を持っています。

薬師如来の正式名は薬師瑠璃光如来《やくしるりこうにょらい》といいます。人々の病や苦しみを取り除き、災害を止めるなどの十二の願いを解決して、如来になったのだそうです。

私たちの住むこの世界は、十二という数字によって物事が決められていることが、多いと思いませんか?

一年や時間、方角、十二支など……そうそう十二神将は十二支の守護神でもあるのです。十二は魔を封じ、新たなる時の流れを生みだす、創世の数ではないのでしょうか……。私はこの小さな本堂の中に、おおげさではなく、宇宙を見たような、そんな気がしました。

新薬師寺は東大寺の記録によると、七四七年に光明《こうみょう》皇后が、聖武《しょうむ》天皇の病気平癒を祈って創建されたとされています。

新薬師寺の「新」は「あたらしい」ではなく、神仏の霊験や薬の効き目がいちじるしいことなどの「あらたかな」という意味なのだそうです。

でも、私にとっては「あたらしい」という意味もあります。私のお寺めぐりは新薬師寺からはじまりました。

あれから十二年、ひとまわりして新たなるスタートです。

薬師寺【やくしじ】

薬師寺、ここは私が訪れることのいちばん多いお寺、そして思い出深いところです。薬師寺は、私がお寺めぐりをはじめて間もないころに訪れた場所。歴史的な建造物のすばらしさや、仏像の持つ美しさや意味など、まだ何もわからずに、ただ何となくお寺に漂う空気感が好きで、めぐりはじめたころのこと。薬師寺を訪れて、東側に建つ三重塔・東塔《とうとう》以外はすべて新しく、余りに鮮やかな朱色に違和感を覚えました。それまで古いお寺をいくつか見てきていたので、その派手さを受け入れるのに、少し時間がかかったのです。

当然、私の中でいちばん落ち着いて眺められる建物は、一三〇〇年前からそこに建っている三重塔・東塔でした。薬師寺は度重なる災害によって、他の堂宇を失い、辛うじて東塔だけが残ったのです。その後、金堂、西側の三重塔・西塔《さいとう》などが新しく建ち、古の奈良・白鳳時代の姿を取り戻しつつあったのです。

唯一残る東塔を初めて見たとき、私は六重塔だと思いました。薬師寺の三重塔は各層に裳階《もこし》という、庇《ひさし》のようなものが付いているため、六層に見えるのですが、三重塔です。

初めて見た一三〇〇年前の東塔には「わび・さび」があり、凛とした姿がよくて、私は塔というより、そこに一本の大木が立っているような、そんな気持ちで見ていました。「ふうっ」

と思わずため息がもれる、何ともいえないすばらしさ。

……で、後ろをふり返ると、鮮やかな朱色の姿の西塔が建っている。美しいけれど何かが違う、そのときはそう思ったのです。

しばらくして、東塔と西塔の高さが違うことに気づきました。新しい西塔の方が少し高いのです。なぜなんだろう?

思えば、私が宮大工の西岡常一(注)さんの存在を知ったのは、このときです。

古の叡智を語り残して「最後の宮大工」と呼ばれた西岡さんが、八十六歳で亡くなられたのは、平成七年四月。私が西岡さんのことをもっと知りたいと思ったときには、すでに他界されていたのです。すごく残念でした。

しかし、西岡さんの遺されたものは多く、奈良法隆寺の昭和の大修理をはじめ、ここ薬師寺の西塔、金堂は西岡さんによる復元でした。

西塔はなぜ東塔よりも少し背が高いのか? それにはちゃんと理由があったのです。建物は長い年月を重ねると自然と沈んでいくのだそうです。だから建てるときは、一〇〇〇年先の西塔の姿を想定してわざと高くするのです。

そして一〇〇〇年先も、東塔と西塔が並んで建っていることを願い、西塔を建てたと……。

これはもう、技術だけではありません。そこには、西岡さんの想いや愛情がたくさん込められている……そんな気がしました。

ところで西岡さんのおじいさんが、これまたすごい人で、「宮大工は土を知らなあかん!」

(注) 西岡常一さんの著書『木に学べ　法隆寺・薬師寺の美』(小学館文庫) が参考になります。

といって孫の西岡さんを農業の学校へ進ませ、卒業すると、今度は「一年間、田を耕せ！」といわれたそうです。

木の癖をつかむためには、土を知らなければならない……。大工修行に入る前の下準備だったのです。

そして、西岡さんが大修理に携わった法隆寺ですが、柱の太さや寸法は一本一本違います。木は山で育っていたときと同じ方位（東西南北）で立てられます。これはできるだけ環境を変えないようにして、木を長く生かしてやるという配慮なのです。そうすることで、木が生きている限り、建物は建ち続けます。西岡さんの木への思いやり、また建築への熱い想いが感じられますよね。

お寺の中に入ると、とてもすがすがしい気持ちになるのは、私たちと同じように、木も呼吸をしているから……。知らないうちに木からエネルギーをもらっていたのです。西岡さんの亡くなられた後、その心を受け継ぐ人たちにより、西岡さんが復元、設計に取り掛かっていた薬師寺の大講堂も、二〇〇三年に完成しました。

七一〇年、平城遷都に伴い現在の地に移された薬師寺は長い年月を経て、東塔だけを遺しその姿を失いますが、ふたたび現代に甦ったのです。

あおによし　奈良の都は　咲く花の　匂ふがごとく　今盛りなり

と、小野《おのの》老《おゆ》は奈良の都のことを万葉集の中で詠っています。

薬師寺を一度訪ねてみてください。

平成の今、薬師寺に、一三〇〇年前の奈良の歴史を垣間見ることができるかもしれませんよ。

法起寺【ほうきじ】

奈良、斑鳩《いかるが》の里。

何だかここはとても懐かしい感じのするところです。小学校の修学旅行で来たからかな？と思ったりもしますが、法隆寺は子どものころ見ても、大人になってから見ても、やっぱりすごい！

日本が誇る建築文化の素晴らしさがそこにはあります。

そして、この辺り斑鳩の里で、私が特にお気に入りのところといえば法起寺です。とにかく、法起寺の周辺というのはのどかなのです。ただ、年々道路は整備され、家も建ちはじめています。

数年前までは、ある場所から見えたお気に入りの景色も、ここ最近、残念なことに望めなくなってしまいました。法隆寺の五重塔と法輪寺の三重塔、そして法起寺の三重塔と、三つの塔を眺めることのできるスポットがあったのです。

今はもうすっかり、その辺りも変わってしまいましたが、斑鳩の里にはまだまだ田畑が広がり、その間を縫うように走る細い道が、はるか遠くにけむる山まで続いているように見える……そんな風景が残っています。

冬は吹きさらしで寒いけど、すっきりと晴れた日には遠くからも法起寺の三重塔がくっきりと見えます。春は霞がかかってぼんやりと見える姿もなかなかのもの！　塔というのは遠くから眺めてこそ、その良さがわかるというものです。

ホントにそうなんですよ。近くで見ればその大きさに圧倒されますが、遠くから見る三重塔や五重塔は、周りの景色に映え、美しさが増します。

今はそんな風に遠くから塔を眺められる場所も、少なくなっています。だからこそ、法起寺の三重塔は私にとって特別なのかもしれません。

法起寺は六〇六年に聖徳太子が法華経の講義を行った岡本宮《おかもとのみや》を法起寺と改めたものと伝えられます。法隆寺、中宮寺、大阪の四天王寺などとともに、聖徳太子が建立した七つの寺のひとつに数えられます。法起寺の前身岡本宮は、法隆寺よりその歴史は古く、三重塔にはそのことを示す記述があり、また近年の発掘調査の結果、遺構の一部が確認されているそうです。法起寺の三重塔は、現存するわが国最古の三重塔。高さ二三・九m、七〇六年に建立されたといいます。国宝であり、世界文化遺産でもあるのです。

法起寺は奈良時代にはかなり栄えていたお寺でした。しかし、平安時代に入り勢いは衰え、鎌倉時代には三重塔が修復されますが、室町時代にふたたび衰退と、そのくり返しで、江戸時代には三重塔を残すのみであったといいます。

しかし、三重塔を残そうとする僧たちの努力によって、時が流れた今も、その三重塔は斑鳩の里に静かに佇んでいます。

幾多の難を逃れた三重塔は、いったいどれだけの季節を見てきたのでしょうか。

初めて三重塔を見上げたとき、私はどっしりとしたその姿に感動しました。重厚な屋根、美しい白壁。あれから今年で八年……今も変わらずそこに建っている三重塔。

八年前に訪れたとき、境内のある場所にツバメの巣があり、親鳥が一所懸命に餌を運んでいました。そのときのツバメの巣でしょうか……? 今もあるんですよ！ツバメの巣が。

きっと今年もやってくるのでしょうね。

変わっていくことも大切ですが、いつまでも変わらないでいるというのは、これまた大切なことで、そして難しいことなのですね。

飛鳥、こころのふるさと

飛鳥寺【あすかでら】

六世紀末から、六九四年、藤原京に遷都するまで、都がおかれた飛鳥……。

大陸からの仏教の伝来を機に、日本文化の原点をつくった場所といっても、過言ではありません。

そんな日本の中心であった飛鳥。古の飛鳥の都はどんな感じだったのでしょう?

飛鳥時代の歴史や文化を伝える明日香村は、なだらかな丘陵と田園風景が広がり、ここへ来ると、どこか懐かしい気持ちになります。そんな日本人の心のふるさと飛鳥には、古代遺跡、巨岩、奇岩石、そしてお寺が点在しています。

飛鳥を訪れる人が必ずといっていいほど訪ねるところ、それは石舞台古墳と飛鳥大仏。日本最古の大仏が鎮座する飛鳥寺は、蘇我馬子により、五九六年に創建されました。飛鳥寺を建てるとき、百済や高句麗、新羅からたくさんの職人が来て工事にあたったといいます。

飛鳥大仏と呼ばれているご本尊は、釈迦如来坐像。六〇六年に飛鳥寺金堂に安置されました。一四〇〇歳を超える飛鳥大仏は、奈良東大寺の大仏さまより一四三歳も年上なんですよ!

大仏さまは銅と金で造られていて、座った姿で三メートルほど。面長だけど、あごががっしりしていて凛々しい感じ、目は杏仁《きょうにん》、杏の種子の形をしています。飛鳥時代の仏像は、だいたいがぱっちり開いた杏仁形の目をしているのだそうです。口元は少し上がっていて、やさしい微笑みを湛えています。

この微笑みは「悟りの微笑み」といわれているんですよ。

間近で見ることができますから、表情や爪のかたちまでもよくわかります。

そうそう、その爪なんですが、指先を見て驚きました。爪が伸びているんです。といっても人形の髪の毛が伸びるというアレとは違いますよ。

仏像の爪は、爪を形どっただけのものが一般的ですが、飛鳥大仏はその爪が伸びている状態の姿なんです。初めて見ました、ちょっとした発見です。

ただ、金堂が焼失し野ざらしにされたことにより、その姿は痛々しく、補修のあとも見られます。

しかし、最近の研究によると、飛鳥大仏は、ほぼ創建当時の姿のままだということがわかりました。これは、すごいことですよね。

痛々しく見えたその顔も、長い歳月の間に刻まれた、大仏さまの歴史のあとなのです。

飛鳥寺のご住職が言っておられました。「大仏さまは、昔にお座りになったところと、ひとつも位置が変わっておられない」と。古からここに鎮座し、ずっと日本の歴史を見てきた大仏さま……。大仏さまは、今の世の中をどう想っているのでしょう?

境内に出ると、薄黄色の小さな花をつけた一本の木が目にとまりました。お釈迦さまがこの木の下で「悟りをひらいた」という菩提樹です。夏に花を咲かせる菩提樹、初めて見るその花は、星のような、線香花火のような、とてもきれいな花でした。

飛鳥寺の西門を出てすぐ、蘇我入鹿の首塚と呼ばれる五輪塔があります。大和朝廷の大臣《おとど》として大きな勢力のあった蘇我馬子の孫が蘇我入鹿です。仏教を日本に広めた蘇我氏ですが、入鹿の時代になるとわがままな振る舞いが多くなり、人々から憎しみと反感を買います。そこで中大兄皇子と中臣鎌足は相談をして、入鹿の首を討ち取ります。

これが、六四五年の「大化の改新」です。

この舞台となった所、飛鳥板蓋宮《あすかいたぶきのみや》跡地がありますが、古くはその場所も飛鳥寺の境内だったといわれています。

飛鳥寺を創建したのはおじいさんの馬子、孫の入鹿がこの場所で討たれたのは、偶然か必然か……なんとも不思議な歴史の流れです。

飛鳥をめぐるときは、レンタサイクル、自転車をおすすめします。

橘寺【たちばなでら】

聖徳太子が生まれたお寺、奈良明日香村にある橘寺。

正確には、当時ここには橘の宮という欽明《きんめい》天皇の別宮があり、聖徳太子はそこで生まれたそうです。後に聖徳太子自ら、橘の宮を改造して造ったのが今の橘寺です。でもなぜ、聖徳太子が生まれたお寺なのに、聖徳太子に関係するような名前が付いていないのでしょうか？不思議ですよね。それはこの辺りの地名と関係があるようです。

日本書紀によると、聖徳太子の父、三十一代用明《ようめい》天皇から溯ること二十代。十一代垂仁《すいにん》天皇のときのこと、垂仁天皇はトコヨの国（中国の雲南省辺り）に、不老長寿の薬があると聞き、田道間守《たじまもり》という人物にその不老長寿の薬を探すよう命じました。

田道間守はすぐさま日本を発ち、あちらこちらの国を訪ね歩いたそうです。

しかし、十年経っても国も薬も見つかりません……。

ある日、田道間守は不思議な光景に出くわします。それは老人が若い娘に叱られて泣いているところでした。話をきくと本当は若い娘が母親で、老人はその息子だというのです。そして一つの木の実を見せて、母親である若い娘がいいました。「この子だけが、木の実を酸っぱくていやだと食べないから、こんなに年をとってしまったんですよ」と……。これを聞いた田道間守は跳びあがって喜び、不老長寿の実のなる木を数本譲り受けて帰国しました。

……が時すでに遅し、垂仁天皇は亡くなっていたのです。

垂仁天皇のお墓のまえで泣き伏した田道間守は、不老長寿の実のなる木を両手で差し上げ、泣き叫びながら死んでしまったのです。この不老長寿の木というのが、橘であったというのです。

田道間守の死後、景行《けいこう》天皇は彼の志を哀れみ、持ち帰った橘の木をこの地に植え、それから、この辺りを橘と呼ぶようになったのだそうです。

また田道間守は、黒砂糖も持ち帰り、橘とともに薬として用いたので、後に田道間守は、密柑、薬、お菓子の祖神として祀られるようになったのです。その田道間守の像が聖徳太子の像と共に、橘寺にあります。

東門を入ると正面には太子堂。

朝一番の御来光を拝めるように、太子堂は東向きに建てられています。

ほかにも観音堂、鐘楼、経堂などが建ち並び、初秋には酔芙蓉《すいふよう》、紫苑《しおん》など美しい花が咲きます。それに何といっても小高いところにある橘寺の境内からは、飛鳥寺、川原寺跡、飛鳥板葺宮跡、甘樫《あまかしの》丘《おか》、天香《あまのか》具山《ぐやま》などの飛鳥の史跡が一望できるのです。

そして、田園風景の中、あちらこちらに咲きほこる彼岸花も……。

白壁の長い土塀に囲まれた、橘寺の周りにも真っ赤な彼岸花が咲き、それはそれは圧倒されるほどの美しさなのです。

その彼岸花は、明日香村のいたるところで見られます。お寺の庭、土手、田んぼの畦道に、川の流れのごとく咲く彼岸花。

初秋の爽やかな風吹く中、古の小道を自転車で走る！　最高の気分でした。

ところで私は、白い彼岸花を見てみたいと、ずっと思っていました。明日香村では、群生している白い彼岸花が国営飛鳥歴史公園高松塚周辺地区で見られるらしいのです。

行ってみると、驚くことに真っ白な彼岸花が群をなして咲いていました。

念願叶い、白い彼岸花を見ることができて大満足！

さらに驚いたことに、橘寺の境内にはオレンジ色の彼岸花がありました！（うわさには聞いていましたが、本当にあったとは……）

六時間かけて伝説を追い求めた飛鳥路の旅。

なんだかとっても楽しくて、うれしくて、「やっほー！」と叫びながら「ケッタ《自転車》」をかっ飛ばして、子どものようにはしゃいでしまいました。

いつ行っても、何度訪れてもやさしく迎えてくれる飛鳥は、私のこころのふるさとです。

飛鳥の遺跡、巨石に伝説と浪漫をもとめて……

奈良の明日香村へ行くとお寺だけでなく、ほかにもいろいろと興味深いものがたくさんあり、うれしくなります。

奈良県明日香村、ここには甘樫丘という小高い丘、その周りに広がる田園風景、そして点在する不思議な石や岩、それらにまつわる伝説が残っています。

なかでも、圧倒的な大きさで見る人を驚かす、飛鳥のシンボル「石舞台古墳」。

石舞台古墳は低い丘に巨大な石を積み上げた横穴式の石室がある古墳で、とにかく、どこからこんな石を持ってきたの?というくらい、巨大な石が、まず目に入ります。丸い形をした石と、まな板状のたいらな石、この巨大なふたつの石の下には石室、洞窟のような部屋があるのです。

石の脇にある階段で下へ降りれば、中を見ることができます。

内部は石で囲まれ、広さは畳一六帖分ぐらいあるかな? とにかく広いです。

天井までの高さ四・八m、天井には外で見た、まな板状の石がのっけられているので、その石の内側が見えるんですね。この石、重さが七七トンもあり、古墳に使われている石の中でも最大の大きさです。

因みに石は全部で三九個使われていて、全部の重さは二三〇〇トン!といわれてもピンときません。すごすぎる……重さですよね。

内部の石には苔が生え、外から陽が射し込み、緑色の光を帯びている、何ともいえない美しい光景が広がっています。

ここには石でできた棺が納められていたそうで、六世紀後半のこの地の豪族、蘇我馬子のお墓であろうという説が有力です。

さて、石舞台という名前のいわれについては……大きな石の上で狐が女の人に化けて舞を見せたという話と、その昔、飛鳥へ旅芸人がやってきたときに舞台がなくて、仕方なく石の上で芸を披露した、という二つの話から石組みを石舞台と呼ぶようになったと伝えられています。

さて次は石舞台古墳から北北西へ歩くこと十分。広々とした野原に礎石《そせき》が並ぶ川原寺跡。建物の基礎となる丸い礎が規則正しく、いくつも並んでいます。

「日本書紀」によると六七三年ころ、日本で初めて一切経の写経が行われたのが「川原寺」なのです。跡地の周りには柵がしてありますが、中へ入ることはできますよ。

礎石の奥に弘福寺《ぐふくじ》というお寺があります。お寺の方がいらっしゃれば詳しいお話を聞くこともできます。

どうも瑪瑙《めのう》と呼ばれる大理石の礎石が残っているらしいのです。

弘福寺のご住職が不在だったので私にはわからずじまい。

ここは茶屋もやっていますので、お茶でも飲みながら、窓の外の景色をご堪能ください。

さて川原寺から南へ一本入り、西へ向かって田畑の中の道を六分ほど歩くと、亀が下を向いて這いつくばっているような大きな石があります。これが飛鳥の謎の石造物のひとつ、亀石です。長さ四m、幅二m、高さ二m、重さ四〇トンという大きな石。正面から見ると笑っているように見えます。

実にかわいいんですよ、これが！　よーく見ると、亀だけでなく、蛙にも、おかっぱ頭の子どもにも思えてくるのです。

いつ、何の目的で造られたものなのか？　今も確かなことはわからないのです。

でも、亀石にはこんな伝説がありました。

昔、大和の国が湖だったころ、ここ川原と対岸にあった当麻《たいま》との間に喧嘩が起こったそうです。当麻の主は蛇で、川原の主は鯰。長い喧嘩の末、鯰が負けて、川原の水をすべて当麻の蛇に取られてしまいます。

湖は干上がってしまい、そのとき湖に住んでいたたくさんの亀は死んでしまいます。

亀を憐れに思った人びとは、亀の形を石に刻んで供養をしたそうです……。

そして今、亀石は南西を向いていますが、もし西を向き、ふたたび当麻をにらみつけたときには、大和盆地は大洪水になる……と、伝えられているそうです。

穏やかな顔の亀石、ずっとそのまま、微笑んでいてほしいなと思いました。

この亀石、子どもに人気があるようで、子どもたちが亀の背中に乗って遊んでいました。なんだかそれを見たら、いつ何のために造ったのかなんて、わからなくてもいいかなと思いました。

飛鳥には長い長い年月、たくさんの人々と生活を共にしてきた遺跡や、不思議な石がまだまだたくさんあります。

古代から現在までの飛鳥の移り変わりを伝え、これからも見守っていくのですね。

美しいもの……

十輪院【じゅうりんいん】

みなさんは白い画用紙に、「家を描いてください」といわれたら、どんな屋根の家を描きますか？　たぶん、三角形か台形の形をした屋根だと思うのですが、いかがでしょう。

奈良町の東南、静かな民家の中に佇むお寺、十輪院。

簡素な門を中へ入ると、古いお屋敷のような建物。この建物の屋根は台形です。反りの少ない屋根の勾配、広い縁側、低い軒、直線的な表情を見せる本堂は、そう、小さいころ、だれもが描いたことのある家、そんな姿をしています。

安定感があり、とても美しいこの本堂は、鎌倉時代前期に建てられ国宝に指定されています。本堂正面の柱などは創建当時のものだそうで……とすれば八〇〇年も前のものということになります。でも、もっと驚くのは、このお堂の中にある石仏龕《せきぶつがん》。

間口二・六八m、奥行き二・四五m、高さ二・四二mの大きな石に刻まれた仏さまたち、日本で信仰されている仏さまのほとんどが刻まれているそうです。

その石仏龕の中央に彫られているのは、地蔵菩薩・お地蔵さまです。薄暗い本堂の中、「ぽーっ」と浮かぶお地蔵さまの姿、やさしい静かな微笑みを浮かべています。

この石仏龕は平安時代中期のものらしく、本堂よりも古いのです。

つまり、この石仏龕は最初からここにあって、その上に本堂が建てられたのです。

長い間、風雪にさらされたために、消えかかっている仏さまもあります。正面のお地蔵さまも輪郭が薄れ、肩の衣の部分は、ほとんど消えかかっています。

でも、かえってそれが良くて、全体に丸みを帯びたやさしい雰囲気を醸しだしています。

昔は、石のまわりをひとまわりできたそうです。今は正面からしか見ることができません。傷みがはげしく、これ以上風化しないよう保存するのが大変なようで、「いつか、お見せできなくなる日が来るかもしれません」と説明をしてくれた女性がおっしゃっていました。それが何年か前の秋のこと。

不安な気持ちを抱え、ふたたび訪ねてみました。

少し道に迷ったものの、民家が立ち並ぶ中に、あの、簡素な門がありました。中へ入るとそこには、あの日と変わらない美しい屋根の本堂。そして、石仏龕も見ることができました。変わらない、やさしいお地蔵さまの微笑み、わずかに確認できる石仏龕に残っている緑色。何もかもあの日のまま、うれしかったです。

違っていたのは、訪れた季節と、説明をしてくれたのが男の子だったこと。一八、九歳くらいかな？　おそらく、ここの息子さんだと思います。汗びっしょりになりながら丁寧に教えてくれたのです。よく勉強しているようで、質問にもちゃんと答えてくれました。伝えていかなければいけないものが、人から人へちゃんと伝えられている。なんだかうれしくなりました。

石に彫られているお地蔵さまは一五〇cmくらい、すぐ近くで見ることができますよ。薄明かりに照らされ浮かび上がるお地蔵さまの姿、胸の衣の流れや、左手に持っている宝珠も見え、大陸的な印象というのでしょうか、素朴な中に力強さを感じます。

いつまでも、変わらず、その姿を見せ続けてほしいものです。

古い格子に白壁、虫籠窓《むしこまど》。間口は狭く、奥行きのある家々が立ち並ぶ奈良町。元興寺《がんごうじ》一帯に広がる町並みをそう呼びます。十輪院は元興寺旧境内の、南東に位置し、ひと際静かな町の中にあります。

町を歩いていると、ところどころで目にするのが、家の軒に吊るされた魔よけの赤い身代わり猿。身代わり猿のルーツは、古くは敦煌にあり、シルクロードを通って奈良に渡って来たといわれています。猿は古くから魔よけのお守りで、西遊記に出てくる三蔵法師も天竺への旅の際、馬の鞍に猿のお守りをつけて行ったそうです。

それが後世、三蔵法師を守る孫悟空の物語になったといわれています。

そんな歴史と伝統の町、奈良町。ゆっくり散策するのにいいところです。

そうそう十輪院の北にある猿沢の池の茶店は、まるで池に浮いているみたいな素敵なお店。そこで飲んだ生姜ベースの甘く懐かしい味の「冷やしあめ」。おいしかった！

喜光寺【きこうじ】

夏の暑いさなか、大輪の花を咲かせる蓮の花。

蓮は花開くとき、「ポン」という音がすると、聞いたことはありませんか。

だとしたら、なんだか素敵だと思いませんか。

そして、本当に「ポン」と音がするなら聞いてみたいですよね。

蓮の花咲く音を求めて、蓮の寺として有名な奈良市の喜光寺へと出かけてみることにしました。

喜光寺は古くは菅原寺と呼ばれていました。七四八年、聖武天皇がお寺に参詣されたとき、ご本尊の阿弥陀如来像から、不思議な光が放たれたそうで、そのことを喜ばれた天皇はお寺の名前を喜光寺と改名されました。素敵な名前ですよね。

喜光寺は奈良の近鉄尼ヶ辻駅から歩いて十分。駅からは近いのですが、方向音痴の私は、例によって迷ってしまいました。

民家の立ち並ぶ、細く入り組んだ迷路のような道を歩くことは、私にとって大変なことなのです。しかも朝八時、お店も開いていないから道を聞くこともできません。それでも散歩している人、植木に水をやっている人に、喜光寺を尋ねると皆さん丁寧に道を教えてくれました。人のあたたかさを心底感じる瞬間です。

さて、どうしてそんなに朝早いのかというと、蓮の花がきれいに咲いているのは、朝十時ぐらいまでなのだそうです。なので早起きして出かけました。

お寺の東門から入ると、奥の方に丸い大きな葉っぱを発見。近づくと大輪の白い蓮の花が咲いていました。花びらの先がほんのりピンク色で、花は私の両手の平くらい、とても大きいです。幾重にも重なった花びらの真ん中には、ジョウロの先のような黄緑色の丸いものがぽこっとついています。

ほかにも赤、白、ピンク色の蓮の花がとにかく、たくさん咲いていました。

喜光寺の境内には鉢植えの蓮が二〇〇鉢以上あり、一つの鉢から何本もの花が六月下旬から八月上旬まで代わる代わる咲くのです。花の命は短くて、四、五日だそうです。一日目は少し開いて夕方には閉じてしまう。二日目は仏様の蓮華座《れんげざ》くらいまで開きます。このときがいちばん美しいのです。三日目に開ききり、四日目には花はないことが多いそうです。燃えるように咲く赤、閃光のように咲く白、咲いている時が短いからこそ神々しく、美しいのでしょうね。あまりにもすごくて、「わぁーきれい！」としか言葉が出てこないのです。

感動している私に、「こっち、いらっしゃい」とご住職が手招きをされました。

そこには、開きはじめた黄色い蓮の花の姿がありました。黄色の蓮を見るのは初めてです。

ヴァージニアという名前で、とってもめずらしい種類なのだそうです。つぼみが開ききると、どんな感じなのでしょうね。ちょっと残念、でもヴァージニアにお目にかかれただけでも、ラッキーでした。

このようにめずらしい種類も合わせ、喜光寺には約五〇種類ほどの蓮が植えられています。私が最初に見た花びらの先がピンク色をした蓮も天竺班蓮というめずらしいものでした。

蓮はお堀や池など遠くに咲いているのは見かけますが、目の前で花に埋もれるように見たのは初めてのことで素敵でした。

ここで喜光寺の本堂について少しお話を。

奈良時代の建築様式を思わせる外観の本堂は、室町時代の再建だそうです。よく見ると東大寺の大仏殿とどこか似ているのです。本堂は創建当初の東大寺の大仏殿の十分の一の大きさで造られたと伝えられ、「試みの大仏殿」と呼ばれています。

このお寺は東大寺の大仏造営のときに貢献した僧・行基《ぎょうき》が創建したと伝えられ、また行基が七四九年、八二歳でなくなったのも、このお寺だそうです。二〇一〇年には四五〇年ぶりに南大門が再建される予定です。またひとつ歴史が甦ることになりそうです。

さて、蓮は花開くとき、本当にポンと音がするのでしょうか。

「音がする」というのは伝説らしく、お寺のご住職も聞いたことはないとおっしゃっていました。でも、蓮の花をじっと見つめていると、どこからか、ポンと聞こえてきそうな……そんな気がします。

秋篠寺【あきしのでら】

「どうでした？」

五分ほど前に注文したお抹茶を、私の前にゆっくりと置きながら女将さんがいいました。顔を上げると、にっこり微笑んでいます。

私はお寺へ行くと、たいてい近くの茶店に寄ることにしています。それまで、別の世界にいた自分がゆっくりと現実に戻ってゆくとき……。絶妙のタイミングで声をかけられると、ついつい話が弾んで予定以上に長居をしてしまうこともしばしばあります。

「秋篠寺はええとこですよ」といいながら、もう地図を書きはじめている女将さん！　女将さんの勧めで、伎芸天《ぎげいてん》で有名な秋篠寺へ向かうことにしました（因みに、このお店は、長谷寺へ行ったときに寄った茶店です。長谷寺も素敵なところです）。

近鉄西大寺《さいだいじ》駅からバスでおよそ五分、降りたったところは道が狭すぎて停留所のない、白い塀に囲まれた民家の中。その白い塀の続く正面に、静かに佇む秋篠寺がありました。

小さな佇まいの東門をくぐり、足元に気をつけながらゆっくりと進んでいくうちに、木々に囲まれた庭の中を歩いている自分に、ふと気づいたのは、まるで緑の絨毯を敷きつめたような美しい苔が、太陽の光をうけてキラリと輝いたときでした。

一瞬涼しい風が体の中を吹きぬけたような感じがして、ああ……ここが秋篠寺の入口なんだと直感的に思いました。

庭を抜けると、左手に大元堂《だいげんどう》が、正面に本堂が見えてきます。小さいけれど、何だかとても懐かしいような……それでいて凛とした感じのお寺、それが秋篠寺の第一印象でした。

本堂の中のひんやりとした空気にふれて、さっきまでの暑さがうそのようにひいていきます。本堂の薄暗さにも目がなれてきたころ、最初に目に留まったのは、首を少し左に傾け、やさしく微笑む一体の仏像。

もしも今、この中に風が吹いたならば、衣の裾をゆらして歩き出しそうな、伎芸天の姿でした。

今にも話しかけてきそうな伎芸天のやさしい顔、それはまるで聖母マリアのようにも見えてきます。伎芸天は日本のミューズといわれ、音楽や芸術をつかさどる天女で、数多くの芸能人も訪れているようです。

秋篠寺の本堂には、ご本尊の薬師如来、帝釈天《たいしゃくてん》、愛染明王《あいぜんみょうおう》など、数々の仏さまが安置されています。ふと、本堂の隅の方に不思議な姿をした仏像が五体あることに気づきました。恐ろしい形相で睨みつけるその仏像は、五大力菩薩《ごだいりきぼさつ》と呼ばれ、その顔とは相反して、今にも踊りだしそうな、ちょっと滑稽な姿に思わずふきだしてしまいました。それというのも、五大力菩薩のその格好から、この本堂の仏さまたちは、夜な夜な宴を開いて踊っているのかもしれないと、想像してしまったからなのです。

そうそう優雅な姿の伎芸天、現存するのは秋篠寺のみだそうです。

美しい伎芸天と美しい苔の広がる秋篠寺。

長谷寺の茶店の女将さんのいうとおり「秋篠寺は本当にええとこでした」。

庭、されど庭

龍安寺【りょうあんじ】

お寺へ行くと、仏像や建物、その時代を映すさまざまなものを、目にします。

庭もそのひとつ。平安時代初期には池や泉などを造った大きな庭園が生まれ、後期になると極楽を夢見る貴族によって浄土を表す庭園が盛んに造られます。そして、鎌倉時代に入ると禅宗の自然観と水墨画の影響により庭の造り方が大きく変化します。

貴族社会から武家社会へと変わったことも影響しているのでしょうね。

この流れは室町中期ごろに至って、枯山水の庭を確立します。

この枯山水庭園の代表格といえば、京都の龍安寺の石庭です。

龍安寺は金閣寺と仁和寺の間、衣笠山《きぬがさやま》のすぐ近くにあります。

昔、宇多《うだ》天皇が夏に白い絹の布を山にかけ、雪山に見立てたことから、その名が付いたといわれる衣笠山、その麓にある龍安寺。

山門をくぐり、緑の木々が生い茂る静寂の中を歩いて行くと、鏡容池《きょうようち》が見えてきます。かつては「おしどり池」といい、ここでオシドリが群れ遊んだといいます。オシドリはいませんでしたが、池にはたくさんの美しい睡蓮が花を咲かせていました。ぽっかり水面に浮かぶ紅、白、そして黄色の睡蓮。初夏に花を咲かせる睡蓮は、水面を鮮やかに彩っていました。

龍安寺は平安末期、藤原実能《ふじわらのさねよし》が別荘として建てたもので、室町時代の一四五〇年に細川勝元《ほそかわかつもと》が譲り受けて、寺としたのが始まり。

龍安寺も応仁の乱でそのほとんどが焼失し、実能の時代のものは鏡容池を残すだけと伝えられています。昔は石庭よりも有名だったそうです。

……ひとつ、ふたつ、みっつ……白砂の庭園を眺めながら、だれもが何かを指差し数えています。

「あれ？　十二個しかない！」「本当に十五個あるのかなあ」と、声が上がります。

その光景に、思わず「クスッ！」と笑えます。このお寺を訪ねたとき、最初に目にするその光景に、数分後……あなたもハマりますから！

人々は何を指差して数えているのでしょう。

「それ」は……「石」なんです。

方丈前の七五坪〜一〇〇坪ともいわれている枯山水の石庭。三方を低い油土塀《ゆど》で囲み、一面に敷きつめられた白い砂の中に、大小十五個の石が置かれています。白砂は川または海、水を表し、石は島を表しています。石の配列から親の虎が子どもの虎をかばいつつ、川を渡るように見えることから、「虎の子渡し」とも呼ばれています。

この石、どこから見ても常に一、二個は隠れて見えないんですよ。

これ本当なんですから……。で、みんな何度も数え直すわけ！

でもね、見えない石は可能性を表しているというから、奥が深いではありませんか！

この庭は、だれの手によるものか、はっきりしていません。

作者は何を想い、何を伝えたかったのか……。その真意のほどはわかりませんが、方丈の縁側に腰を下ろし、この庭を眺めていると、心が落ち着き「自分と向き合うこと」ができます。

心にゆとりをもつことが大切なのだと、あらためて気づかせてくれる庭でした。

龍安寺には徳川光圀、黄門さまが寄進した銭型のつくばいがあります。中央の水が注ぎ込まれるところを漢字の「口」と見立て、「われ（吾）、ただ（唯）、たる（足）を、知る」という禅の格言の四文字を表したものとして有名です。

ユーモアにあふれています。

さすが黄門さま、やはりただ者ではない！

世界文化遺産の龍安寺。

「百聞は一見に如かず」「これぞ無の境地」を、味わえるかもしれません。

龍安寺鏡容池のたもとに西源院という湯豆腐のお店があります。精進料理も味わえるんですよ！　座敷から眺める庭が、これまたいいんです。無の境地を味わったあとは……やはり、おいしいものを味わわねば、ねっ！

正伝寺【しょうでんじ】

京都の夏の風物詩、大文字五山送り火。

その大文字の送り火のひとつ、船形が浮かぶ船山山腹にある正伝寺。京都の洛北にある数々のお寺の中でも、北のはずれにある静かなお寺です。因みに正伝寺より少し南側には光悦寺《こうえつじ》、源光庵《げんこうあん》などといったお寺もあります。

杉木立の長い参道、聞こえてくるのは鳥のさえずりと木立を渡る風の音……。

長い参道を登りきると、お寺の本堂というより、古い民家のような建物が見えてきます。境内は小さく、山の中にぽつん……とあるお寺、なかなか趣きがありますよ。

正伝寺の方丈の天井は、関ヶ原の戦いの直前に、京都の伏見城に立てこもった徳川方の兵士およそ千二百人が、落城の際、割腹し果てた廊下の板を天井としたものです。

今もなお、天井の板に赤黒く残る血の跡は、当時の悲惨な戦乱を物語っています。このようなことを二度と起こさないためにも、恐いなと思わず、天井をちゃんと見てほしいと思います。

さて、このお寺のいちばんの見どころは庭です。江戸時代初期の有名な作庭家・小堀遠州《こぼりえんしゅう》が造ったものといわれています。私にとっての小堀遠州とは、美しい華やかな庭を造るという印象の強い人、高台寺や青蓮院《しょうれんいん》などの庭がそうです。

庭を造る上で大きく分けると、縮景と借景の二つがあるそうで、自然の景観を、ときには具体的な景色を縮めたりして再現したのが縮景です。また、敷地の外の景色を庭の一部にとりこんでいるのが借景です。

正伝寺の庭は後者で、比叡山を借景にした白砂とつつじの刈り込みのある枯山水の庭。とてもシンプルなのですが、庭の向こうに見える比叡山と庭とのバランスが絶妙です。つつじの刈り込みを七・五・三の形に配し、この形が獅子の親子に見えることから「獅子の児渡し」と呼ばれます。

縁側に腰掛け、ただじっと庭を見つめているだけで心が晴れやかになるのです。禅の悟りの境地にふれることができる、そんな庭です。

私が正伝寺を初めて訪れたのは、お寺めぐりをはじめて六年目に入ったころ、それなりにいろいろなことがわかってきて、得意になりはじめていました。

庭に限っていえば、小堀遠州が造ったという庭をいくつか目にし、小堀遠州といえば絢爛豪華な庭という、偏ったイメージを持ってしまっていた私は、この庭を見たとき、小堀遠州が造った庭にしては、あまりにシンプルすぎて、何か物足りなさを感じていたのです。落ち着いて目の前にあるものをしっかり見ることができなくなっていた私は、なんかしっくりこないまま、帰ろうとしたとき、一枚の写真を目にして驚きました。

その写真には、枯山水の庭にぽっかり浮かぶ、まん丸なお月さまの姿があったのです。漆黒の闇を、ふんわりと照らす黄色い中秋の名月。

「あっ、そうか。遠州が見せたかった景色はこれだったんだ！」と思いました。

遠州がむだを省き必要以上にこの庭を飾らなかったのは、こんなにもすばらしい、自然の景色があったから……。私は自分の未熟さを反省しました。

中秋の名月の夜、正伝寺の庭にぽっかり浮かぶお月さまを見てみたい！　そう思って、あれから何年経つのでしょう、未だ叶ってはいません。自然というのは人の都合に合わせてはくれませんから……。

正伝寺は数年間お寺めぐりをしてきた中で、私を原点に引きもどしてくれたところです。

ラジオでパーソナリティという仕事をしていますと、有名人にインタビューをする機会もたまにあります。先日、歌手の谷村新司さんにお会いしたときのことです。

お寺の話題になり、谷村さんは中学生のころから、何かあると正伝寺へ足を運ばれるようで、「あそこに座って、ただ、ぼおっとしているだけでいいんだよね」とおっしゃっていました。

そして、「正直、あまり人に教えたくないところだよね」とも……。

同感です……。

廬山寺【ろざんじ】

お寺めぐりをしていると、そのお寺を開いたのが何々僧都《そうず》とか、何々大師《だいし》と、お坊さんの名前がよく出てきます。

また、お坊さんではありませんが、今までめぐったお寺の中で、良くも悪くも名前が多く出てくるのは織田信長です。歴史上の人物で信長はベスト3に入るほど好きですが、お寺めぐりをしていると、その場所で行った信長の行為に腹が立ち、大嫌いになることがあります。因みに、今回は信長の話ではありません。失礼しました。

お寺めぐりの中で、なんといっても外せないのが「源氏物語」を書いた紫式部です。源氏物語が宮中で評判になって今年（二〇〇八年）でちょうど千年。紫式部が「源氏物語」の構想を思いついたという、滋賀県大津市の石山寺《いしやまでら》や物語の中心となった京都御所など「源氏千年紀」として話題になっています。

ここ廬山寺もそうです。

廬山寺は紫式部が生まれ育ち、源氏物語を書いたという邸宅跡に建っているお寺です。京都御所の東側にあり、中国の有名な山、廬山から名前をつけたそうです。

古くは船岡山の南にあったお寺で、室町時代の応仁の乱の後に現在の京都御所の東に移りました。ところが昭和三十九年に、お寺の建っている場所が、なんと紫式部の屋敷跡だったことがわかり、それからというもの、お寺の室内には紫式部の系図や源氏物語に関するものが展示され、源氏庭も造られました。

武家屋敷のような玄関を入り、薄暗い廊下を歩いていくと、白い砂が敷き詰められた庭が目の前にパッと現れます。源氏庭です。ところどころに配した苔の緑と白砂とのコントラストが美しい庭です。白砂といえば波のような砂紋を思い浮かべる方も、少なくないと思います。源氏庭は砂紋を描かず白砂を敷き、その中に苔を配して、雲がたなびく州浜《すはま》を表わしています。平安朝の美学である「感《かんじ》」を表現しているのだそうです。

夏になると、桔梗が苔の中から花を咲かせ、雅やかな風情を醸しだします。この庭の桔梗はいつ見ても枯れた花がないというほど、こだわった手入れをしているのです。

そうそう、源氏庭に咲く桔梗は紫式部にあやかって、すべて紫色。「紫式部だから、紫にこだわるのはわかるけど、なぜ桔梗の花なんでしょうね」と思い、いろいろ調べてみると、おもしろいことがわかりました。

源氏物語に出てくる「朝顔」は、実は「桔梗の花」のことなんですって!

「えー? 　ほんと?」という感じですよね。

万葉集の中で山上憶良《やまのうえのおくら》が秋の七草を「はぎの花　おばなくずばな　なでしこの花　おみなえし　またふじばかま　朝顔の花」と詠っています。

ここに出てくる朝顔は、桔梗のことなのです。

そして、現在私たちが朝顔と呼んでいる花は、中国から薬用植物として輸入された「けんごし」または「けにごし」のことで、当時は観賞用の花ではなかったのです。

それぞれの花の呼び名が、どこでどういう理由で入れ代わったのか、定かではありませんが、源氏物語に出てくる「朝顔」は、今、私たちがそう呼んでいる朝顔のことではなく「桔梗」のことだと推測されるのです。

そんなことを思いながら、源氏庭を見ていると、当時の人々の花をめでる姿が思い浮かびます。千年前、紫式部はこの地に住み、この地で、花をながめながら源氏物語を綴った……。千年の時を越え、紫式部が居た場所にあなたも立ってみたいと思いませんか。

盧山寺は毎年二月に行われる節分会の追儺式《ついなしき》でも有名です。赤や青、黒の鬼が、紅白の餅を投げつけられて退散するという節分の儀式、豆でないというのがおもしろいですよね。

とっておき……

法然院【ほうねんいん】

京都市左京区鹿ケ谷《ししがたに》、この辺りは銀閣寺から南禅寺まで、もみじの数珠つなぎと呼ばれるところで、とくに哲学の道は十一月の下旬ともなれば、たくさんの観光客で賑わいます。

そんな哲学の道を少し東へ入ると「南無阿弥陀仏」の念仏で知られる法然上人《ほうねんしょうにん》ゆかりの

お寺、法然院があります。

お寺の入口である総門をくぐると、そこはまるで森のようです。緑生い茂る中、石畳のゆるやかな階段を登っていくと、その先には苔むした茅葺き屋根の山門が見えてきます。石畳と山門、その美しさはたとえようがありません。

訪れた人たちがあまりの美しさに、その場からなかなか離れてくれない、カメラマン泣かせの場所です。山門を入ると両側に白い盛砂があるのですが、よくある円錐形ではなく、金の延べ棒の形をしていて、平らなところに絵が描かれているのです。まるで砂のキャンパスみたいです。この日は、もみじと銀杏が描いてありました。

この白砂壇《びゃくさだん》の絵は雨が降って砂の絵が流れてしまったときなどに描き直されるようで、雨上がりの二、三日が狙い目。でも時間などは、はっきり決まっていないので、描いているところを見られるのは偶然、たまたま出会えるといった感じです。近くに住んでいないと難しいですよね。

法然院の門は朝六時に開きます。白砂壇や境内の庭は自由に見ることができますよ。苔もきれいで、地面を這うような木の根っこと苔の緑の絨毯が実に美しい。外庭だけでも大満足ですが、今回は特別公開！　何が特別に見られるのかというと伽藍です。本堂、方丈、書院、庫裏といった、建物の中を見ることができるのです。

庫裏と呼ばれるお寺の台所にあたる場所から入ると、電気ストーブがつけてありました。私はお寺に着くまでずっと歩いていたので気づかなかったのですが、鹿ケ谷の辺りは夏でも涼しいところですから、秋の早い時期から空気もひんやりとして寒いのです。本堂までの中庭に面している板張りの廊下を歩いていると床が冷たいんですよ。冬はこんなものではないのだろうなあと思いました。

さあ、本堂、ご本尊は阿弥陀如来坐像。阿弥陀さまは木で造られた須弥壇《しゅみだん》の上にいて、須弥壇は顔がうつるくらい、鏡のようにピカピカに磨かれています。そこに真っ白な菊の花が二十五並べてありました。

これを散華《さんげ》といい、散華している二十五の花は、仏の道を説くといわれる二十五菩薩を現しているのだそうです。

春は椿、夏は紫陽花、秋は菊、冬は寒椿と、四季折々の花が散華されます。法然院の正式名は、善気山法然院萬無教寺《ぜんきさんほうねんいんばんぶきょうじ》。その名のとおり善気山の山懐に抱かれた静寂の中に佇むお寺です。

方丈前の庭園には善気山から湧く「善気水」が絶えることなく湧き出ていて、特別公開の時期には、善気水で淹れたお茶がふるまわれます。私も飲みました。美味しかったですよ。むかしはお茶ひとつ淹れるのも水を山から汲んできて、火をおこしてと、大変だったんですよね。あらためて、ありがたみを感じました。

むかしといえば、こちらの窓ガラスはかなり古い物で、一枚一枚が手作りなのです。よく見ると波打っていたり、気泡が入っていたり、何となく温もりが感じられるガラス。ガラスの向こうの外の景色も、少しゆがんで見えるのですが、これがまた美しいのです。割れてしまうと次は作れないという、貴重なガラスでした。

伽藍の特別公開は期間が決まっていますが、参道から境内は時間内でしたら自由に見られます。そして、特別公開は春にもあります。春は椿の花が咲きほこり、これまた華やかな雰囲気となります。その時期にしか味わえない自然の美しさというのがいいですよね。

安楽寺【あんらくじ】

お寺には、特別拝観というものがあります。普段は非公開ですが、春や秋また、何年、何十年かに一度の仏さまの御開帳など、タイミングが合えば訪ねておきたいものです。

南禅寺から哲学の道を経て、銀閣寺へと続く道は、人気の地域です。若王子《にゃくおうじ》神社から疎水に沿って北に向かう哲学の道は、春の桜が美しく、途中から東側の山裾を、銀閣寺へと向かう道付近には、安楽寺や霊鑑寺《れいかんじ》、法然院などが佇んでいます。

この辺りは非公開のお寺も多く、公開されても日にちが週末だけだったりと、なかなか私の都合どおりにはいかず、ずっとあきらめていたお寺がありました。

石畳風のゆるやかな石段、その先の茅葺き屋根の門、いつもはかたく閉ざされた門が開いていて、ぽっかり開いた門の向こうには木々の緑が見えます。拝観入口で手渡されたしおりには、住蓮山《じゅうれんざん》安楽寺と書いてありました。

これがこのお寺の正式名です。「一時からお寺の由来と仏像のお話をさせていただきますので、よろしかったら聞いてください」とお寺の方が案内をされます。

私は石畳と屋根の形が美しい本堂へと向かいました。「今日は特別拝観の初日に足をお運びいただき、ありがとうございます。これからこのお寺の由来をお話させていただきます」と、若いお坊さんがお話をはじめました。

このお寺は鎌倉時代のはじめ、浄土宗の開祖・念仏和尚として有名な法然上人の弟子の住蓮上人《じゅうれんしょうにん》と安楽上人《あんらくしょうにん》の二人が鹿ヶ谷に草庵を結んだことにはじまります。唐の往生《おうじょう》礼賛《らいさん》に節をつけ、六時礼讃《ろくじらいさん》声明《しょうみょう》を完成させたのだそうです。

住連と安楽、この二人の声明はまことに美しく、参詣者も多く、その中に後鳥羽上皇《ごとばじょうこう》の女官で寵愛を受けた、二人の美しい姉妹がおりました。その名は松虫姫と鈴虫姫。上皇に可愛がられている二人の姫は、宮廷内の他の女官たちから激しく嫉妬され、宮廷の虚飾に満ちた生活に苦悩し、心の平安を求め、出家を望むようになりました。そこで住連と安楽に出家を申し出たのです。しかし、上皇の許しがなく勝手に尼になることはできません。いったんは断りますが、二人の姫の願いがあまりに強かったため、願いを聞き入れ、出家させてしまいます。このことを知った上皇は激怒し、住連上人と安楽上人の二人は斬首に処せられました。それを苦にした十九歳の松虫姫と十七歳の鈴虫姫は、瀬戸内海に浮かぶ島に移り、念仏三昧の余生を送り、亡くなったそうです。

住連と安楽亡き後、鹿ヶ谷草庵は荒廃しますが、法然上人が二人の菩提を弔うために草庵を復興し、「住蓮山安楽寺」と二人の名前から寺の名をつけたといいます。

現在の本堂、二層式の屋根が美しい本堂は一五五五年ごろ再建され、今日に至っています。

そんな悲しい出来事があったとは思えないほど、境内の庭は美しく、春はさつき、秋はもみじが本当に見事です。

そして本堂横の書院、ここからながめる庭はなんともいえず、落ち着けるところ。丸くきれいに刈り込まれたさつき、その隙間からすすきが生え、時々吹く風にゆらゆらとなびいています。

日本家屋の真髄ともいうべき、外の明るさと屋内の暗さの、光と影をうまく利用した移りゆく自然の絵画が、障子と縁側を額縁として、見事におさまっていました。そこには流れゆく静かな動きがあり、時の流れがいつもよりゆっくりしているように感じられます。

縁側にぽつんと座っているひとりの女性がいました。自然の額縁の中に、今にも溶け込んでしまうかのような後ろ姿、思わずカメラのシャッターを切りました。

金戒光明寺【こんかいこうみょうじ】

法然上人が初めて草庵を結んだお寺、金戒光明寺。京都の中でも黒谷《くろだに》や鹿ケ谷、この辺りは、法然上人ゆかりのお寺が多いのです。

法然上人は十五歳で修行のため比叡山に登り、四十三歳で修行を終え、念仏の教えを広めるために、ここ黒谷で念仏を唱えはじめます。

法然上人はなぜこの地に寺を建てたのでしょう？　それには不思議な伝説があるのです。上人が黒谷の山に登り、頂の大きな石に腰をかけて念仏を唱えたところ、紫色の雲がたなびき、あたり一帯を光りが照らし出しました。これは仏様のお導きと、上人は黒谷に草庵を結んだのです。これが浄土宗のはじまりだそうです。金戒光明寺の三門には「浄土宗最初門」と書かれた額が掲げられています。

三門は一八六〇年に再建されたもので、二層式、入母屋造《いりもやづくり》で本瓦葺。瓦の波が美しい二階建ての威風堂々とした門です。この三門は時代劇の撮影に使われることが多く、テレビで見たことがある人も、けっこういるのではないでしょうか。

日ごろはこの門、外側だけしか見られませんが、特別拝観のときには三門の二階へ上ることができるのです。門の東側から入っていきなり目に付くのは、垂直な木の階段です。いや、あの、実際垂直ではないのですが、そのくらい急なんです。

上っていくときは、まるで壁のように、目の前には階段しか見えません。二階へ上がるとすごいですよ、東から西まで一八〇度の大パノラマ！

京都の町が一望できるのです。

金戒光明寺のある黒谷は小高い丘なので、三門からの眺めは、素晴らしくいいのです。東側の大文字山の、大の文字からはじまって、少しずつ南へ目線を移していくと、南禅寺の屋根、そして東山の裾野には知恩院の三門が見えます。そのちょっと西側には朱色が美しい平安神宮の鳥居、鳥居のずっと奥には、ぼんやりと京都タワーが見えます。この日はお天気がすごくよかったので、西の天王山まで見えました。

古い地図によると大坂城まで見えていたと記述にありますから、これはただの門、ただもん（只者）ではありませんよ。

実はこの三門、「城構え」なのです。徳川家康は江戸幕府を盤石なものにするため、とくに京都に力を注いだそうです。二条城を造り、いつでも軍隊を配置できるように、金戒光明寺や知恩院を、それとはわからないように城構えにしていたというのです。

それを知ったうえで、ふたたび三門からの景色を見れば、なるほど！敵が攻めて来てもすぐにわかる見晴らしのきく眺めです。三門は、重要な見張りの役割をしていたわけですね。

昔の目的はどうあれ、このすばらしい景色を、一度は見ておくのもいいですよ。

三門の二階には釈迦三尊像や十六羅漢像が祀られていて、天井には火事が起こらないよう水の神、龍が描かれています。また、建物を支えているケヤキの柱もすごいですよ。

一一七五年、法然上人が草庵を結んだことからはじまり、さまざまな兵乱に巻き込まれ、火災に遭ってはいますが、そのつど再建され規模を大きくしてきた金戒光明寺。広大な境内には江戸時代に建立された三門、阿弥陀堂、方丈、経蔵などの伽藍《がらん》が建ち並び、京都の中でも、昔の雰囲気が漂っている場所といってもいいのではないでしょうか。

境内に一歩足を踏み入れた瞬間、そこは江戸時代。

京都でも随一の眺めを誇る、金戒光明寺です。

忘れてはいけないこと

千本えん魔堂【せんぼんえんまどう】

「うそをつくと、えん魔さまに舌を抜かれるよ！」と、小さいころ、いわれたことはありませんか？　私は小さいころ、えん魔さまは本当にいると信じていたので、うそをついてしまったそんな夜は、寝床に入ってもなかなか眠れず恐くなって、「えん魔さま、ごめんなさい！　もう、うそはつきません」と手を合わせ祈ったものです。

そんな、人間の悪い心を戒める「冥界の閻魔大王」。

このえん魔さまがご本尊という引接寺《いんじょうじ》。

京都の町の人々からは、千本えん魔堂として親しまれているお寺です。

上京区千本通にある千本えん魔堂。にぎやかに行き交う人々、建ち並ぶ商店街の一角、赤い提燈が目印の千本えん魔堂。

風にのって漂ってくるお香の香りに誘われてお堂の前まで行くと、目の前に現れたのは、すごい形相で私を睨み付けるえん魔大王像。その目はカッと見開きギラギラと光り輝いています。大きく開いたその口からは、地の底まで響くような声が聞こえてきそうです。

ところがこれは、えん魔さまの顔の部分だけで、ほかは障子が閉じられていて見えないのです。でも、顔だけ見て恐い！と思う人はけっこういるようで、それ以上見ないで帰ってしまう人もいるとか……。

私はえん魔さまのすべてを見せていただくため、ご住職に案内されお堂の中へ入りました。えん魔さまと対面するには、ちょっとした約束事があります。

皆さん、写経をされたことはありますか？　私は、このときが初めてでした。

ご住職が「ここに手本として書いてある一文字を写し、その下にご自分の名前をお書きください」とおっしゃいました。私は結婚式や何かで名前を書くとき、緊張して上手く書けたことがないのです。おまけに筆ペンは大の苦手、とにかく心を落ち着け、一所懸命「諦」という一文字と名前を書きました。……すると、どうでしょう。これ以上ないほど上手く書けたのです。うれしくて、そのことをご住職に話すと、「えん魔さまが、あなたに上手く書かせてくださったのですよ。これは一文字写経といって、ここを訪れた人が一文字ずつ書いてゆき、文字はずっと繋がって、皆で繰りかえし繰りかえし、般若心経を書き続けるのです。あなたが書いた一文字は「あきらめる」という文字、この文字には思い切るという意味もあるのです、思い切って心を落ち着けて書いた結果ですよ、良かったですね、上手に書けて……」とおっしゃいました。

そして、お香を手のひらにすりこみました。この二つは、えん魔さまと向き合うためのお寺での約束事です。

障子を開けて対面したとき、えん魔さまの目は、相変わらずギラギラと光っていました（目には琥珀が入っています）。でも、大きく開いた口は、少し笑っているように見え、その顔を見ていると、父のような大きな安心感がありました。

千本えん魔堂は、今より千年昔、冥界と現世を行き来する神通力を持った小野篁《おののたかむら》が、この地に閻魔大王像を安置したのが、はじまりだと言われています。小野篁は小野妹子の子孫で、歌人。神通力で冥界に行き、えん魔さまに会うことのできた唯一の人間です。京都の町の人たちに親しまれているお寺では、必ずといっていいほど、この人の名前を耳にします。それは小野篁が地蔵菩薩の信仰とともに仏教を庶民に広げた功労者だったからなのでしょう。

千本えん魔堂の境内には春、普賢象桜《ふげんぞうさくら》という、遅咲きの桜が咲きます。葉っぱ化した二本のめしべが中央にあり、その姿が普賢菩薩の乗っている象の牙に似ていることから、その名が付いたとか……。はらはらと一片ずつ散るのではなく、房ごとぽとりと落ちる普賢象桜。潔く散ったあと、地面を染めるその姿もまた、美しいのです。

この桜には、桜守りという桜の木のお医者さんがいるんですよ。

妙心寺塔頭・東林院【みょうしんじたっちゅう・とうりんいん】

沙羅双樹の花咲くお寺、東林院。

梅雨のこの季節、雨に打たれてすぐに散ってしまう沙羅双樹の花、そんなはかなさがひときわ人の心を打ちます。

妙心寺の境内は七堂伽藍《しちどうがらん》が整然と並び、それを囲んで四十以上もの塔頭があります。その数ある塔頭の中のひとつ、東林院。ここでは梅雨の季節に、沙羅双樹の花が見ごろを迎えます。

沙羅双樹は、お釈迦さまが入滅されたとき、いっせいに花開き、お釈迦さまの死を悲しんだといわれ、仏教とゆかりの深い花なのです。でも、インドと日本の沙羅双樹はちょっと種類が違うようです。インドの沙羅双樹は熱帯樹で日本の風土に合わず、温室以外では、まず見かけることはありません。日本の沙羅双樹の花……といえば、緑茂る葉っぱの中に、白い可憐な花を咲かせる夏椿のことをいいます。では、なぜ日本では夏椿のことを、沙羅双樹と呼ぶのでしょうか。

祇園精舎の鐘の声、諸行無常の響きあり。
沙羅双樹の花の色、盛者必衰の理をあらはす。

と、「平家物語」でうたわれた沙羅双樹の花。

おそらく、ここでうたわれているのは夏椿のことです。朝に咲き夕暮れには散り落ちてしまう「一日花」。

この一日花の夏椿の姿が、平家一門の儚い生涯にたとえられ、うたわれたのです。

久しぶりに訪れた沙羅双樹のお寺東林院……。様子が違っていて、驚きました。庭の真ん中にある、ふたまたに分かれた、大きな沙羅双樹の木が、花どころか葉っぱもまったくなく、枯れてしまったような姿だったのです。この木は樹齢三百年、根回りが一・五ｍもある、めずらしい木だったのですが……。

お寺の方に話を聞くと、ある工事がきっかけで、水脈が一ｍも下がり、木が水を吸い上げることができなくなった……というのです。「樹齢三百年といわれた古木は、数年ほど前から年々衰え、とうとう、一輪も花を咲かせることができなくなり、おそらく、もうだめでしょう……。一日花の沙羅双樹の花のように人の命も儚いです。枯れゆく古木を見て、みなさんが何かを感じとってくだされればいいかなと思います……」とおっしゃっていました。

前に訪ねたときと、こんなにも景色が変わっているところは初めてでしたから、しばらくショックから立ち直れませんでした。でも、落ち着いてよく見ると、枯れゆく古木の周りには、ひょろひょろとして、まだ若いのですが、古木の種から育った、二世の木が、何本か植えられていて、その木たちがたくさんのつぼみをつけているのです！　私が初めて沙羅双樹の花を見たあの日は、もう還ってきませんが、若い木々を見たとき、三百歳の古木の血を受け継ぎ、新しい命が芽生えているんだなあと感じました。

梅雨の季節に咲く沙羅双樹の花は、一日だけの命を悲しんでいるのではなく、与えられた一日だけの命を精一杯咲きつくしているのですね。

ここまで、沙羅の花を沙羅双樹の花で通してきましたが、沙羅双樹とは読んで字のごとく二本揃って沙羅双樹と呼ぶと聞いたのです。

では、一本だけだと沙羅双樹といってはいけないのかなと常々思っていました。

そこで、東林院の方にお尋ねしたところ、反対に「山で根元から二つに分かれた松や杉を見たらなんていいますか？」と問われて、「えーと、ふたもとの杉とか……」と答えると、「そうですよね、杉双樹、松双樹とはいわないですよね。おそらく日本では、沙羅双樹という響きがあまりに良かったから、一本でも沙羅双樹と呼んでいいのではないでしょうか。私はそれでいいと思いますよ」とおっしゃったのです。

ちゃんとした答えになっていないような気もしましたが、なんだか納得してしまいました。

六角堂【ろっかくどう】

京都駅から地下鉄に乗り烏丸御池で降りると、そこは近代的なビルが建ち並ぶオフィス街。京都へ来ていることをつい忘れてしまうほどです。

その建ち並ぶビルの谷間に、ぽつんと古めかしい門が建っています。漂ってくるお香の香り、門の奥には風にたなびく柳の木、この柳の木が大きくて枝のしだれ具合も実によく、風が吹くたび地面をなぞるように揺れるのです。柳の木の向こうには大きな堤燈がつりさげられた本堂が建っています。

ここは、京都の中心「京のヘソ」と呼ばれる六角堂です。

六角堂の正式名は頂法寺《ちょうほうじ》。本堂の六角形の形から「六角さん」の名前で、京の人々に古くから親しまれてきました。

五八七年、聖徳太子を開祖として創建されたと伝えられます。

このお寺のご本尊は、聖徳太子がお守りとして持っていたといわれる観音像で、ご本尊は秘仏のため直接その姿を拝むことはできません。御丈一寸八分、約五・五cmという小さなもの。きっと聖徳太子は肌身離さず持っていたのでしょうね。

本堂前の柳の木の右手には、敷きつめられた玉石に囲まれた、六角形の石があります。直径約四二cm、真ん中がくぼんだこの石は「へそ石」とも「要石」とも呼ばれています。

六角堂は創建以来、京都のほぼ中心であったことや、石の形がヘソに似ていることから、「京のヘソ」と呼ばれるようになったそうです。

六角堂には平安時代からの記録や説話も多く、こんな話も伝わります。

なんでも桓武天皇が京都に都を移そうとしたとき、六角堂が道路の中央に当たってしまい、南北どちらかへ移動するよう祈願したところ、お堂がにわかに、その場所から約一五m北へ退いたというのです。もちろんただの伝説でしょうが、なんとも夢のあるお話です。

ところでこの六角堂の境内に入った瞬間に驚くのは、周りをビルに囲まれていることです。背の高いビルに囲まれては、窮屈だと思うでしょ？　ところがビルと六角堂が、あまりになじんでいることに驚きます。

それはなぜかというと、実は周りの建物の二、三階くらいまでがガラス張りになっていて、普通ならビルの陰に隠れ、暗くしずみこんでしまうであろう六角堂の姿を、ガラスが素敵に映し出ているのです。

またガラスの反射を利用して、光を上手くとりこんでいるので、暗く感じることはないのです。西側のビルには六角堂を眺める展望エレベーターがあり、エレベーターに乗って高いところから六角堂を見下ろすこともできるんですよ。一階から九階までエレベーターで上がっていくと、だんだんとその全貌を現す六角堂。その姿は見事な六角形。これぞ現代と古のコラボレーションとでもいうべき光景に出会った瞬間でした。

六角堂にある太子堂は聖徳太子が沐浴したといわれる池の跡にあり、「池坊」と呼ばれていいます。ここで日本のいけばなが完成されたことから、六角堂は「いけばな」発祥の地でもあるのです。

聖徳太子が亡くなった後、遣隋使として派遣されていた小野妹子が帰って来ます。小野妹子は聖徳太子を偲んで、太子が水浴びをした池のほとりに僧坊を営み、これが「池坊」と呼ばれるようになったのです。池坊の僧が朝晩、本尊の如意輪観音に花を供えたのが、華道のはじまりだそうです。

お堂が自ら動いた……という伝説は「ん？」という感じですが……。

花を供えたというのは、聖徳太子を偲んだ小野妹子だったという話もあるんですよ。妹子の話は「へえ！　そうなの……」と、何だかあたたかーい気持ちになります。

伝説は伝説のまま……真実はわからないほうがよかったりすることもありますよね。

たくましきもの、それは……

橋寺【はしでら】

京都市の南東に位置する宇治市。宇治は四季を通して美しいところ、とくに夏にはイベントが多く、宇治川では鵜飼や花火大会が行われるそうです。そして、宇治茶も有名ですよね。

宇治川に架かる宇治橋の、ほど近いところにある橋寺、正式名は放生院常光寺《ほうしょういんじょうこうじ》。

六〇四年、聖徳太子の命によって建てられたと伝わります。

その後、六四六年に奈良元興寺の僧侶道登《どうと》によって、宇治川に橋が架けられたとき、安全祈願のためお堂が建立されました。それ以来、宇治橋の管理を任されるようになったそうです。おそらく「橋寺」と呼ばれるようになったのは、このころからなのではないでしょうか。

宇治はその昔、大和・近江を結ぶ交通や軍事、商業のうえで重要な地でした。ところが、それが災いし、合戦も多かったのです。

橋寺は、宇治橋が戦火や洪水で被害を受けるたびに修理をしていたので、宇治橋の守り寺と、いわれるようになりました。

平等院の対岸の宇治川沿いの道を進むと、すぐ左に橋寺はあります。

少し朱色がかった小さな門。入るとすぐに急な石段があり、それを上りきると……何やら厳重にも鍵の掛けられた柵の中に、石碑が立っているのです。寺の境内から見つかったという、宇治川に宇治橋を架けたいきさつが刻まれたその石碑は、とても古いものらしく、文字も中国風！　いやー、まったく読めませんでした。

本堂から眺める庭はこじんまりとした品の良い庭で、そこには四季折々の花が咲きます。時の経つのも忘れ、ついつい長居をしてしまう……実に離れがたい場所です。

少し高いところにある橋寺。境内から山門を見下ろし屋根の向こう側を見れば、そこにはキラキラと水面を揺らす穏かな宇治川の流れがありました。この穏かな川の流れが日々つづくように……と、橋寺は昔も今も変わらず川の流れを見守っているのでしょう。

宇治川は遠くからだと、穏やかで美しい川に見えますが、近くで見るとその流れは速く、恐いくらい。橋のなかったころは、渡るのが大変だったと思います。宇治橋が架けられてからは、人々は安心して川を渡れるようになったわけです。

ところが宇治橋を渡らず、わざわざ避けた人もいるんですよ。それは花嫁さん！　宇治橋には、「三の間」と呼ばれる幅一間の突き出した部分があり、むかしはここに橋姫神社がありました。橋姫といえば、恋しい人に逢えない想いが高じて鬼となり、京都の北にある貴船《きふね》神社へわら人形をもって、丑の刻参りをしたお姫様のことです。

京都の南の端から北の端、今でも車で二時間はかかる貴船神社は山の上にあります。それに丑三つ時って……深夜二時です。女性の足で通うなんてとても考えられない！　恋しい人への一途な想いとは、こうまで人を変えるものでしょうか。

恐ろしいほどの想いの深さは、宇治川のそれよりも深かったのかもしれません。橋姫の嫉妬を恐れて、婚礼のときには花嫁さんは橋を避け、船で宇治川を渡ったというのもわかりますよね。

また宇治は「源氏物語・宇治十帖」の舞台としても知られています。宇治川界隈には物語にでてきた女性の名前のついた石碑や石仏などもあります。宇治十帖のヒロイン浮舟。光源氏の孫の匂宮《におうみや》が小船で連れ出し、浮舟に宇治川の中洲の小さな島を見せるというくだりがあります。

紫式部が源氏物語を書いたのは千年前。宇治橋が最初に架けられたのは六四六年ということは、そのときすでに宇治橋は存在していたのです。

長い年月、いろいろな人の生き様を見てきた宇治橋、その宇治橋を護ってきた橋寺もまた……。そう思いながら橋寺を訪ねると、これまた感慨ひとしおです。

金福寺【こんぷくじ】

「神山さん、これからの季節、紅葉のきれいなお寺はどこかない?」と、リスナーさんから尋ねられることがあります。

お寺!と聞いちゃぁね、燃えますよ。張り切って「そうですねえ、京都の……」と、ひと言発したら、「あっ、京都はやめて。秋の京都はどこ行っても混んでいるでしょ! 静かなところがいい」といわれてしまいました。

確かにそうですよね！　春と秋の京都は、どこへ行っても混んでいます。

でも、やっぱり京都です。京都市左京区一乗寺にある金福寺。

一乗寺といえば、宮本武蔵と吉岡一門の「一乗寺下り松の決闘」で、有名な場所です。この辺りは、曼殊院《まんしゅいん》、詩仙堂《しせんどう》などがあり、古くから文人・文化人といわれる人たちの隠棲の地であったため、すばらしい庭のあるお寺も多いのです。

隠れた紅葉の名所でもあります。金福寺の庭もそうなのです。ここの庭は小高い丘をうまく利用した、上下二段の庭。表門を入ると本堂が見え、本堂の南側にある白砂の庭には、きれいに刈り込まれたつつじの植え込みが小高い丘の斜面を美しく飾っています。つつじの植え込みを辿るように丘を登って行くと、茅葺き屋根の茶室が見えてきます。

……「芭蕉庵」です。

金福寺は八六四年（平安時代）、慈覚《じかく》大師が国家安泰、衆生《しゅじょう》救済を念じて創建したといわれています。歴史はかなり古いのですが、その後一時荒廃し、江戸時代の一六八四年ごろに鉄舟《てっしゅう》和尚が復興しています。そのころ、松尾芭蕉はよく金福寺に通っていたらしく、いつの間にかこの茶室を「芭蕉庵」と呼ぶようになったそうです。

古いものを維持していくということは、本当に難しいんですね。

今ある茶室は、ふたたび荒れ果てた庵を、与謝蕪村《よさぶそん》が芭蕉を偲んで建て直したものなのだそうです。蕪村はしばしば茶室で句会を開いたそうです。

丘の上の吹きさらしの中に建つ芭蕉庵。そこからは、京都の町が一望できます。芭蕉と蕪村の間には九十年ほどの隔たりがありますが、思いや考え方は、どこか重なるところがあったのでしょうね。

そんなことを想い、芭蕉庵から京都の町を見つめていると、芭蕉や蕪村が生きた時代も、そして私が見ているこの町並みも、時代によって違うのでしょうが、変わらないところもあるのだろうなあと……。

芭蕉に蕪村、そしてもう一人、金福寺に縁のある女性がいました。

その女性の名は、村山たか女《じょ》。一八五八年の安政の大獄、井伊直弼が尊皇攘夷派に対しておこなった弾圧事件です。このとき、大老井伊直弼の密偵であった村山たか女は、今でいうスパイとして幕府に反対する者を探り、井伊直弼に情報を提供していたのです。しかし直弼が暗殺されてしまうと、彼女も勤皇派に捕まり三日三晩生きさらしにされます。なんとか生きのびた村山たか女が余生を送り、六十八歳で生涯を閉じたのが、ここ金福寺なのです。

入口のすぐ左にある本堂（弁天堂）は、たか女が建てたものだそうです。

松尾芭蕉や与謝蕪村の句碑もあります。

うき我をさびしがらせよ閑古鳥　　　　芭蕉

耳目《じもく》肺腸《はいちょう》こゝに玉巻く芭蕉庵　蕪村

形は違いますが、それぞれが生きた証が残っている金福寺です。

祇王寺【ぎおうじ】

祇園精舎の鐘の声、諸行無常の響きあり。

沙羅双樹の花の色、盛者必衰の理をあらはす。

おごれる人も久しからず、唯春の夜の夢のごとし。

たけき者も遂にはほろびぬ、偏に風の前の塵に同じ。


美しい書き出しではじまる平家物語。

さらに読み進むと、平清盛の寵愛をうけた白拍子《しらびょうし》祇王のことが出てきます。白拍子とは、平安時代の末期におこった、女性が男装をして歌を唄いながら踊る舞のことです。女歌舞伎や女猿楽のルーツであり、また能楽にも大きな影響を与えたといわれています。

祇王はその白拍子の中でも群を抜く人気者でした。

その祇王が天下人の平清盛に愛されながらも、なぜ尼となって余生を送らなければならなかったのでしょうか。

京都嵯峨野、しっとりとした風情漂う町……。その中でもよりいっそう趣き深まる辺りを奥嵯峨と呼びます。

緑に囲まれたゆるやかな石段、その正面に祇王寺があります。

人知れずひっそりと、というより周りを竹やぶとわらで編んだ塀が覆い、かたくなに心を閉ざしているという感じです。

祇王のことで私に先入観があったのか、初めて訪れたときの祇王寺はそんな印象でした。

少しでも祇王の心にふれてみたいと、愁いに閉ざされた塀の中へ入ると、緑の苔の絨毯の上に真っ赤なもみじを散りばめた、それはそれは美しい庭が広がっていました。

その美しい景色の中にひっそりと佇むわら葺きの庵。

庭に面した窓に近づくと、庵の中の控えの間には、障子いっぱいにきられた丸い窓がありました。

この窓は「吉野窓《よしのまど》」と呼ばれ、江戸時代の有名な芸妓・吉野太夫が大きな丸窓を好んだことから、その名がついたようです。格子の丸窓を通してみる外の景色は趣きがあります。この窓は光の入り方によって影が虹色に映るという不思議な窓です。

ここには、祇王をはじめ母の刀自《とじ》、妹の祇女《ぎにょ》、仏御前《ほとけごぜん》、清盛の木像が安置されていて、はるか昔の物語がよみがえる……そんな雰囲気が漂っています。

しかし、平清盛に愛された祇王がなぜ、このように寂しいところで尼となって、暮らさなければならなかったのか？

それは、加賀の国からやってきた白拍子・仏御前に清盛を奪われてしまったからなのです。舞を見てほしいとやってきた仏御前を「祇王より、すばらしい舞手はおらぬ」と、そうそうに追い払った清盛に、仏御前のことをとりなしたのは祇王でした。仏御前の舞を見て気に入った清盛は、祇王を追い出してしまいます。このときから祇王は尼となるのですが、驚いたのはその後です。

いつかはわが身と思い、この世の無常を感じた仏御前が、髪をおろし尼となって祇王のところへやってくるのです。自分をうらぎった仏御前を祇王は受け入れ一緒に暮らしているのです……。

なぜ、祇王は仏御前を許すことができたのでしょうか？

私は先ほどの吉野窓のことを、ふと思い出しました。

吉野窓は大きさが魅力というだけでなく、実は意味があります。吉野太夫が好んだ吉野窓の丸窓は、円の下の部分が欠けているのです。「満つれば欠くるがごとし……。完全な円を完成された完璧なものとするならば、一部が欠けている円を見ることによって、完全ではない自分の姿を見つめなおし戒める」という意味があるそうです。

この窓の意味を考えたとき、祇王の気持ちが少しだけわかったような気がしました。

祇王寺はもみじと苔に染められた晩秋の庭がとても美しく、訪れる人たちでにぎわいます。

また、真っ白な雪が降り積もり、辺りが静寂に包まれる厳しい冬もなかなかのものです。

あるお寺に、こんな言葉が書いてあるのを目にしました。

「坊主は、寺に生まれればなれますが、でも尼は苦労をしないと、尼にはなれません」

嵯峨野　あだしの念仏寺の竹林　おとぎ話に出てくるような雪景色でした

龍安寺
ひとつ…ふたつ…みっつ…
あれ？
石はいくつあるのかな？

龍安寺　黄門さまの蹲

正伝寺の比叡山を借景にした
枯山水庭園

盧山寺
源氏庭は砂紋を描かないのです

蓮華寺　石川丈山作の庭

蓮華寺　秘密のお庭

妙覚寺
この庭を眺めながらいただくお茶は
おいしかったですよ

村山たか女が晩年を過ごした金福寺の庭
小さい中にも見どころの多いお寺

東福寺塔頭・雪舟寺の茶室より…和の極み

高台寺前の「羽柴」の丸窓から…内緒ですが、
ここの湯葉はおいしいですよ！

窓の美学
東福寺塔頭・天得院の花頭窓

天龍寺
どうです！この陰影の美しさ

天寧寺の額縁門
向こうに見えるは比叡山

明治政府が神仏分離令を出すまでは
妙楽寺と一体だった談山神社の拝殿から

源光庵　ここには有名なふたつの窓があります

丸窓が「悟りの窓」
四角い窓が「迷いの窓」

妙心寺塔頭・退蔵院の瓢箪窓
これは閉じていたほうが私は好き

妙心寺塔頭・東林院の沙羅双樹

橋寺の門の向こうには水面がキラキラと輝く宇治川が見えます

六角堂
京都のへそ石

六角堂を上から望む

おたぎ念仏寺
みんな何を見てるのかな？

おたぎ念仏寺　楽しそうだね！

石峰寺　中国風の赤い門、五百羅漢への入口

日本で二番目に小さい
海住山寺の五重塔

三十三間堂　どうです！この長さ118m

千本えん魔堂の普賢象桜
中央のめしべが緑色で
葉のようになって突出している

森の中の御寺　泉涌寺

雪に埋まりそうな来迎院本堂

三井寺観音堂と大津の町

向源寺（渡岸寺観音堂）すごい杉です！

ねむいの？ 遍照院の可愛らしいお地蔵さま

定光寺　春は桜がきれいです

もの云わぬ、饒舌さ

おたぎ念仏寺【おたぎねんぶつじ】

愛宕山《あたごやま》の麓にある愛宕念仏寺《おたぎ》は、「あたご」と書いて「おたぎ」と読みます。ちょっとややこしいのですが、これにはわけがあります。おたぎ念仏寺、このお寺は奈良時代の終わりに山城の国の愛宕郡《おたぎ》に愛宕寺《おたぎ》として建立されました。

その後いろいろありましたが、大正十一年堂宇の保存と愛宕山との信仰的な関係から、この地に移されたようです。

ですから、門の前の石碑に刻まれている名前は、昔のままの愛宕寺《おたぎ》、そう、念仏寺の文字が入っていないのです。

京都の人には、まったく問題のないことでも、私のように他県からやってきた人間は、「ここでいいのかしら?」と迷います。

話をもどしますと、愛宕山の山頂には愛宕神社があり、愛宕神社は雷神を祀り、火を防ぐ神様として有名です。おたぎ念仏寺にも火除け地蔵尊があり、同じように京都の町を火災から守るために祀られています。

ここ、おたぎ念仏寺のある鳥居本は、古い家並みが今も残っている町。

愛宕山山頂の愛宕神社に向かうゆったりとした坂道は、古くから「あたご街道」と呼ばれてきました。わら葺き屋根、格子戸、大きな柿の木、秋にはみごとな紅葉。

鳥居本は愛宕神社の門前町、落ち着いた佇まいの家並みを眺めながら、ゆっくり歩いていくと、一の鳥居が見えてきます。その先は風情ある家並みもとぎれ、紅葉を眺めながら歩いていくと、左側に小さな仁王門が見えてきます。おたぎ念仏寺です。

門をくぐると迫りくる山の斜面、その斜面を縫うようにジグザグの石段がつづいています。石段を登っていくと、たくさんの羅漢像《らかんぞう》が出迎えてくれました。羅漢像は石段の脇や山の斜面などに、無数にあります。

その数、千二百体。苔むした羅漢像の緑と、赤や黄色に色づいた木々がとても美しく、まるで別世界のようです。千二百体の羅漢像の姿はさまざまで、赤ちゃんを抱いていたり、犬や猫を抱いていたり、めがねをかけていたり、驚くことにヘッドホンステレオをつけ音楽を聴いているような姿のものもあり、みな楽しそうな顔をしています。

このお寺の境内にある羅漢像は参詣者が自らの手で自由に彫った石仏で、どれひとつとして同じものはないのです。一体一体見るのも味わいがありますが、小高い丘の上から羅漢像を見ると山の斜面に沿って、雛飾りのようにきちんと並んで、同じ方を向いていることに気づきます。

それはまるで羅漢像が映画のスクリーンでも見ているかのような光景……。すごく楽しそうなんですよ。一体一体の形はちがっても、見ている方向が同じなのは、願っていることはみーんな同じなんだよと、いっているようなそんな気がします。

千二百体の羅漢像からは、まるで笑い声が聞こえてきそうな、おたぎ念仏寺でした。

私は夏と秋におたぎ念仏寺を訪れました。秋は色づく紅葉と苔むす羅漢像が織り成す景色が美しく、夏は木々も羅漢像も周りのものすべてが緑にけむるのです。

今度は、雪の降る日に訪れてみたいと思っています。

どんな世界が広がっているのでしょう……。

石峰寺【せきほうじ】

京都駅からJR奈良線に乗り稲荷駅で降りて改札口を出ると、目の前には伏見稲荷大社が見えます。テレビドラマなどでもよく目にする「千本鳥居」のある、有名なお稲荷さんです。

実は私、伏見稲荷は初めて！　何対ものおきつねさまに導かれ上へと登っていくと、参道をびっしりと埋め尽くす朱色の千本鳥居のトンネルが現れます。まるでタイムトンネルのようにつづく朱色の鳥居は感動的です。

この伏見稲荷からほど近いところに、どこか懐かしくてほっとできる「そう、おばあちゃんの家へ行ったときのような」、こころあたたまるお寺、石峰寺があります。

稲荷駅から東南へ四〇〇m、道に迷わなければ五分とかからないところです。

でも、あまりにも周りの民家にとけ込んでいるため、ぼんやり歩いていると見過ごしてしまいます。

歴史が書かれた案内板と石の寺標を見つけました。……そして、長くつづく狭い石段、お寺へとつづくそれっぽい石段です。でも、この石段の両側はすべて民家。しかも途中で少し曲がっているので先が見えなくて、どなたかのお屋敷にでもつづいているような、そんな雰囲気なのです。

「いったい、この先に何があるのか？」と、わくわくしながら石段を登っていくと、「あった！」と思わず声が出てしまうような、朱色の不思議な形をした石峰寺の門が見えてきます。周りの木々の緑と朱色のコントラストがとっても美しい、かまどのような形をした中国風の門です。もしあなたが石峰寺を訪ねることがあったら、石段を登り門を見たあと、登ってきた道をふり返ってみてください。そこには、すがすがしい京都の町並みが広がっていますから……。この景色は、登った人にしか味わえないものですよ。

さあ、大きく深呼吸（心呼吸）をしたら、かまどの形をした門をくぐりましょう。

秋、石峰寺の庭にはコスモス、紫式部、ほととぎすなど、野に咲く花々がたくさん咲いています。人目を惹く派手さはないけれど可愛らしい花たち、生まれて初めて見る花もありました。

さて、石峰寺にはもうひとつの朱色のかまどの門が本堂の奥にあります。

最初の門に比べてちょっと小さく低いその門をくぐると、そこはうっそうと茂る竹やぶの中、そしてたくさんの石仏群。笑っているもの、なにやら難しい顔をしたもの、楽しげに話をしているように見えるものと、いろいろな表情をした石仏が、竹やぶのあちらこちらにあるのです。この石仏は「五百羅漢」と呼ばれ、江戸時代中期の画家、伊藤若冲《いとうじゃくちゅう》(注)が下絵を描き、石工に彫らせたもので、お釈迦さまの誕生から涅槃に至るものを中心とし、竹やぶ一帯に安置されたのです。

長い歳月の風雪により、石仏は角がとれ丸みを帯び、苔むす姿にどれひとつとして同じ顔はないのです。飾り気のない豊かな表情は、見るものにやすらぎとぬくもりをあたえてくれます。やすらぎとぬくもりを感じさせてくれるのは石仏だけではありません。

私は石峰寺を訪れたのは二度目ですが、いつも温かく迎えてくれるお寺の方。「出会いって、いいな」と、こころの底から思えます。

私は何かを見るとき、するとき、先のことばかり考えていた時期がありました。それは、前向きに物事を考えているのではなくて……。たとえば、興味のない本を読まなければいけないとしましょう。私は「ああ、まだこんなに残っているんだ」と思うのです。これは、先は長いな、面倒だなあという考え方で、後ろ向きでしょ！　でも、お寺めぐりをするようになって、自分が歩いて来た道（景色）をふり返ることを覚えました。ふり返るとそこには、「私、こんなに歩いて来たんだ。進んでいたんだ」という証が見えるんですね。

それに気がついてからは、「はい、ここまで終わりました。あと少し、頑張るぞ」と、思えるようになったのです（もちろん、そう思うことができないときもありますが）。ふり返ることによって、ちょっと心にゆとりが持てるようになったのだと思います。

石峰寺はそんなことを教えてくれた大切な場所です。

（注）伊藤若冲：江戸中期の画家。宋・元・明の古画を学んだ後、写生を基礎として動植物をたくさん描きます。特に鶏の絵が有名です。

栄華

三十三間堂【さんじゅうさんげんどう】

お堂の中に入った瞬間……眩いばかりに輝く、金色の観音像に息をのみます。その数、一千一体、一一八mという非常に横長な建物にずらりと並んでいます。荘厳、圧巻、ひと言ではいい表せないすごさ。とにかく「一度は見てほしい！」としかいいようがありません。

私は三度訪れていますが、毎回感動し、新たな発見があるのです。

一千一体の観音像は千体千手観音といい、中央に三m三五cmのご本尊がどっかりと腰をおろし、その左右に五百体ずつ、前後十列、階段状に一千体の観音立像が安置されています。さらにその前には、風神・雷神を含む二十八部衆（千手観音に従う、古来インドの神）の像がほぼ等身大の大きさで並んでいます。端から端まで一歩一歩ゆっくり歩き、眺めていく……すると千体の観音立像の顔がみんな微妙に違うことに気づくのです。

平安時代後期、一一六四年、後白河法皇《ごしらかわほうおう》が平清盛に命じて創建された三十三間堂。このお堂を支えている柱の間の数が三十三あることから、通称三十三間堂と呼ばれていますが、正式名は蓮華王院《れんげおういん》。

偶然か必然か、三十三という数字には意味があります。

観音菩薩がこの世で悩み苦しむ人々の声を聴き、その人と同じ姿に身を変えて教えをあたえてくれる、その変化《へんげ》の数が三十三あり、これを「観音の三十三応化身《おうげしん》」というのです。因みに苦しんでいる人がお坊さんならお坊さんの姿で、子どもなら、男の子、女の子によってその姿で現れるというわけです。三十三観音の浄土にふさわしい柱間の数ですよね。この一千一体の観音像、前からだけでなく、真横からも眺めてみてください。果てしなくつづく金色の観音さま……すごい光景が広がっていますよ。

さて、三度目で私が新たに気づいたことは……。宮大工と仏師がいかにすごいかということです（ずーっと、平清盛がすごいと思って疑わなかった）。三十三間堂は創建から、約八十年後に焼失します。そのとき百二十四体の観音像は難をのがれますが、残りの八百余体は鎌倉時代の再建の折に、約十六年かけて仏師・湛慶《たんけい》により甦るのです。三十三間堂の創建時の仏師は同じ慶派の先輩仏師・康助《こうじょ》だったといわれていますので、湛慶が心血を注いだとしても不思議ではありません。

現在の三十三間堂は一二六六年に再建されたもの。その後、室町、桃山、江戸、そして昭和と四度の大修理により約七百年間保存されています。

三十三間堂は東向きで、南北が一一八m。すべての仏像が東を向いています。陽は東から昇り、西へと沈む、そこには極楽浄土の世界が広がっています。

私は夏の暑い盛りに三十三間堂に行くことが多いんですね。ぎらぎらと照り付ける太陽の下、歩き疲れへとへとになりながら、お堂に入ると……すうっと汗がひいていくのがわかります。お堂の中は冷やりと涼しい！　夏だからこそ味わえる涼しさです。

ところで、建仁寺《けんにんじ》にある俵屋宗達《たわらやそうたつ》が描いた「風神雷神図屏風」。見たことがあるという方もいらっしゃるでしょう。実は宗達は、この三十三間堂の「風神・雷神」を見て、あの絵を描いたといわれています。

三十三間堂の東大門の向かい側にある養源院《ようげんいん》。ここには宗達が描いた白い象の絵があります。今にも踊りだしそうな躍動感にあふれたコミカルな象の絵です。是非、養源院にも寄ってみてください。

海住山寺【かいじゅうせんじ】

京都府木津川市加茂町にある海住山寺。

木津川の北の岸に沿って走る国道一六三号線、伊賀街道。街道から少しばかり北へ入ると三上山《みかみやま》の麓です。麓からおよそ八〇〇ｍの山道を登ると突然、本線から外れたところに古びた門が見えるのです。

山へとつづく入り口のような、なんとも趣きのある門。盛られた土が崩れないように一段一段瓦で固められた階段は、年月が経ち草が生え山寺の風情を醸し出しています。

門の向こうに、満開の桜が姿を現し、ふと思いました。その昔はここを通ってお寺へ向かったのだろうな……と。歩くと気づくのです。自然の美しさや風の音、鳥の声。その場でしか見られない、聞くことのできない自然の時の流れというものに……。

海に住む山の寺と書いて海住山寺。山の中にあるのに、なぜこのような名が付けられたのでしょうか……。この寺の創建は七三五年のことと伝えられます。

聖武《しょうむ》天皇《てんのう》が奈良東大寺の大仏を作るにあたり、工事の無事を祈るため、この寺を建立。そのときの名は藤尾山観音寺だったそうです。

しかし不幸にして火災に遭い、寺の堂宇を失ってしまいます。それから七十年余りを経た一二〇八年の十一月、笠置寺《かさぎでら》の貞《じょう》慶《けい》上《しょう》人《にん》が荒れ果てた観音寺の跡地に移り住み、草庵を造り、補陀落山《ふだらくせん》海住山寺と名付けたのです。補陀落山とは南の海にあるとされる観音菩薩の住む山のことで、この地に広がる平野と、その彼方に連なる山並みを海に見立てたとき、ここはまさしく南の海に浮かぶ、補陀落山のように貞慶上人には見えたのでしょう。

境内からは家々が建ち並ぶ平野と幾重にも連なる山並みが見え、うす曇りの中ぼんやりと浮かぶその光景は、補陀落山なのでしょうか……。

門をくぐった私を出迎えてくれたのは、満開の桜。

濃いピンク色の美しい枝垂桜は一本ですが、すごい存在感。

儚げな薄いピンク色の染井吉野はその数で圧倒。

境内には五重塔が桜の花に抱かれるように建っていました。光の加減なのか屋根は灰色がかった緑色に見えます。組物は朱色、壁は白、とても品のいい小ぶりな五重塔は高さ約一七m。

このように小ぶりでかわいらしい五重塔は、ほかにも見たことがあります。

そう、室生寺の五重塔と同じくらいの大きさです。

木造の五重塔で、国宝・重要文化財に指定されているものとしては、室生寺の五重塔に次いで、海住山寺の五重塔は日本で二番目に小さい塔なのです。

なんと室生寺の五重塔とは、一m違いなんですよ。この塔の特徴は初層内部に心柱《しんばしら》がないことで、四天柱（仏壇周囲の四本の柱）に支えられた初層天井の上に心柱が立てられているのです。なんとなくわかるのですが、私はまだ見たことはありません。毎年十月の終わりごろから十日間、内部の公開があるそうなので、いつか見てみたいと思っています。

そして海住山寺の五重塔にはもうひとつ特徴が……。どう数えても屋根が六つあります。

実はいちばん下にある屋根は裳階と呼ばれる庇のようなもので、裳階を持つ五重塔は、海住山寺の塔と法隆寺の五重塔だけなのです。

でも、印象は全然違います。法隆寺の五重塔はどっしりとした重厚感ある姿で、海住山寺の五重塔は可憐な美しさ。

塔にもそれぞれに特徴があります。鎌倉時代一二一四年、貞慶上人の一周忌の供養に建立された五重塔、長い年月この山の中でひっそりと、何を見てきたのでしょう。

春は桜に抱かれ、秋は錦の紅葉に彩られ、これからも、訪れる人々の目を楽しませてくれる五重塔です。

泉涌寺【せんにゅうじ】

総門を入ると、参道の左右にいくつかの塔頭が並んでいます。

長い参道の先にある大門をくぐると、左手に楊貴妃観音堂があります。

泉涌寺、このお寺を訪れたとき最初に出会うのが、七五〇年前に日本にやってきた楊貴妃観音像です。香木の白檀に絶世の美女楊貴妃の面影を彫ったもの……。その微笑みはやさしく、頭には色鮮やかな大きな冠をつけています。黄金、赤、緑と珊瑚で色をつけられた冠は、七五〇年前にやってきたときから、今も色あせることなく美しい。ただ傷みは否めなくて、数年前に修復されています。

観音さまから冠を外したとき、なんと頭上には如来がのっていたそうです。お寺の方も初めて見たという……どんな姿の如来だったのでしょうね。見てみたかったです。

泉涌寺を訪れて、初めて知ったことがあります。

ときどき仏さまの顔に髭のようなものが描かれているのを、見たことはありませんか。

私はそれをずっと髭だと思っていました。そして極端ですが、髭の描かれた仏さまは男性だと思っていたのです。でも、それは髭ではなく、慈悲を説かれている口の動きを表わしたもので、この世で説法することを許された如来と菩薩にしかないそうです。

なので、当然男性ではありません。というか仏さまには性別はないそうです。

楊貴妃観音菩薩の口元にはそれがありました。

その微笑から察するに、もし、説法をしたならば、きっとやさしいお話が聞けるのではないでしょうか。そんな想像をしてしまうほどやさしい微笑を湛えている、楊貴妃観音菩薩なのです。

広い境内には仏殿、舎利殿をはじめ、天智天皇以降の歴代皇族の御尊牌を祀る霊明殿、御座所など皇室ゆかりの建築物があります。

平安時代の草創と伝えられますが、開基は鎌倉時代の月輪大師《がちりんだいし》俊芿《しゅんじょう》といわれています。東山三十六峰の南端にあたる月輪山の山麓に静かに佇む泉涌寺は、鎌倉時代の後堀河《ごほりかわ》天皇、四条《しじょう》天皇、江戸時代の後水尾《ごみずのお》天皇など歴代天皇の陵墓があり、皇室の菩提寺として「御寺《みてら》泉涌寺」と呼ばれています。

不思議なことに、歴代天皇の陵墓のある霊明殿、その前に立つと空気感が違うことに気づきます。ごめんなさい、どこがどう違うのかは、うまく説明できません。

さて、このお寺には日本一の大きさを誇る涅槃図があります。涅槃図の大きさは縦一六m、横八mで日本最大といわれています。あまりに大きいため仏殿に掲げきれず、下のほうは見られません。大きかったですよ。

一般公開は三月十四、十五、十六日です。お寺の方が丁寧に説明をしてくれますので、一度この時期に訪ねてみるのもいいですよ。

そうそう、楊貴妃観音堂には数々のお守りが並んでいます。その中に持っていると美人になれるという、楊貴妃のお守りがあります。

私はもちろん、買いました。

大原の里、岐路

蓮華寺【れんげじ】

大原へ向かうときに、たまたまガイドブックで目にしたお寺、それが蓮華寺です。そこには石川丈山《いしかわじょうざん》作の庭があると、ほんの数行書かれていただけでした。その短い文にかえって興味をそそられ、これは見ておかなくてはと思い訪れたのがきっかけです。以来、私のお気に入りの場所となりました。

蓮華寺は叡山電鉄叡山線の三宅八幡駅から、歩いて五分くらいのところにあります。

蓮華寺の歴史にちょっとふれますと、そのむかし蓮華寺は現在の京都駅付近にあったそうです。応仁の乱の後、荒廃していたのを一六六二年、加賀前田藩の家老今枝氏が現在の上高野八幡町に移し、再興したものなのです。

蓮華寺の側には国道三六七号線が走り、その道を上って行けば大原です。

駅を降りると三宅八幡宮の朱い鳥居が見えます。橋を渡ると、国道三六七号線とそれに沿って流れる高野川、その北に蓮華寺はあります。

民家の建ち並ぶ中、見過ごしてしまいそうな小さな門。その門をくぐると小さな山を背景に、古い民家の玄関が現れます。鐘楼や石仏がなければ、とてもお寺とは思えません。だれかの家へ来てしまったかと思うほど、ふつうの家の玄関先なのです。

「こんにちは……」と声をかけると、奥から「はあーい」と声がして、お寺の方が出ていらっしゃいました。「お庭を見せていただきたいのですが……」というと、「どうぞ中へお入りください」といわれます。入っていくと、昔の土間の雰囲気が残されていて、そこにはかまどがありました。

私の祖母の家にもかまどがあり、小さいころ、木をくべて釜で炊いたご飯を食べたことがありましたから、かまどを見たとき懐かしさが込み上げてきました。

さてさて、石川丈山が作ったといわれる庭ですが……。その前に石川丈山とは何者かを説明しておきましょう。江戸時代きっての風流人、文人で、出身は現在の愛知県安城市。元は徳川家の武士だったのですが、大坂夏の陣で軍の命令に背き浪人となります。のちに京都の洛北にある詩仙堂を作り、作庭家として有名になりました。実は鹿脅《ししおど》しを考えたのは石川丈山なのです。その丈山作、蓮華寺の庭は創建当時のままだといいます。庭にはたくさんの楓が植えられていて、秋は紅葉が美しく隠れた名所です。

私は冬の蓮華寺がいちばん好きです！　窓も障子も取り外し開け放たれた書院に座り、静寂の中ただひたすらに庭を眺めます。凍てつくようなピリピリッとした空気に、心がだんだんと洗われていくのです。

建物を支える柱が、額縁の役割をし、池や本堂といった書院から見える景色を、一枚一枚切り取った絵画のように見せる、この石川丈山お得意の景色は一度見てほしいです。

回遊式庭園の鶴、亀の二つの島のうち、亀島に石碑が立てられています。

石碑の文字は木下《きのした》順庵《じゅんあん》が文を選び、石川丈山が刻んだものです。ほかにも、本《ほん》阿《あ》弥《み》光悦《こうえつ》からの手紙なども数多く保存されており、文人たちとの交流も深かったことがわかります。

そうそう本堂前の灯籠は、ぜひ見ておいてくださいね。蓮華寺型と呼ばれる石灯籠はとてもユニークな形をしています。

ところで、ここには もうひとつ、秘密の楽しみがあります。

お抹茶を頼むと別の部屋へ通されるのですが、この庭がまたすばらしいのです。北側にあるその庭は、建物と山の急斜面のわずかな空間に作られていて、そこには小川が流れ、なんともすばらしい景観を演出しているのです。

そんなに山と建物の間が狭ければ、さぞかし暗いのではと思うでしょう。

ところが、山の斜面の岩肌に太陽の光が照りつけ、その照り返しで部屋を明るくしているのです。

まさに先人の知恵。蓮華寺には文人の知恵と「わび・さび」が見事にいかされています。

蓮華寺の側の国道三六七号線はそれほど広い道ではありませんが、大原までの主要道路なので、けっこう車が通ります。でも蓮華寺の門をくぐると、ほんの少し奥へ入っただけなのに、そこには静寂の世界が広がっています。なんともいえない、しっとりとした風情漂う蓮華寺です。

寂光院【じゃっこういん】

私が初めて寂光院を訪れたのは、今から数年前の冬でした。大原の里の中でも、三千院や土産物屋のある界隈から離れたところにある寂光院。そのときは、とても寂しい気持ちで訪れたのを今でも覚えています。……というのも、寂光院は二〇〇〇年（平成十二年）五月九日に火災に遭い、本堂、建礼門院《けんれいもんいん》の像、阿波内侍《あわのないじ》の像、そしてご本尊の地蔵菩薩像が燃えてしまっていたからです。原因は放火でした。

初めて訪れたときの寂光院には、焼失した本堂の前に六分の一の模型が建てられていました。このときは再興の見通しは立っていませんでした。かけられた工事中のグリーンのシートが痛々しくて……。一日も早く、もとの姿を取り戻してほしいと願わずにはいられませんでした。

その寂光院が新しく生まれ変わったのです。

次に寂光院を訪れたのも、やはり冬でした。この日の大原は前日から降った雪で一面の銀世界。田畑も家も雪が覆い、まるでおとぎ話に出てくるような風景が広がっていました。

寂光院へは、大原のバス停から歩いて十五分から二十分くらいかかります。民家が建ち並ぶ細い道を歩いて行くのですが、道すがらいろいろなものを目にすることができるので飽きることはありません。たくさん実を残したままの柿の木、たぬきの置物がたくさん店先に並んでいる食事処。だれが作ったのか、かわいらしい雪だるま。

この日は新しくなった寂光院を早く見たくて、心は弾んでいました。

寂光院の入口は両側に木が並ぶ細い石段。石段の向かい側には、名物の漬物屋さんがあり、寂光院を訪れたことがある人は、この漬け物の香りも、思い出の中にインプットされているのではないでしょうか。

石段を登っていくと、門が見えてきました。その門の奥には真新しい本堂の姿がありました。私は昔の本堂を見たことがありません。今、目の前に建っているこの新しい本堂が、私が目にする初めての寂光院の本堂です。感動で胸が一杯になりました。寂光院は聖徳太子が父親の用明《ようめい》天皇の菩提を弔うために建立した尼寺です。

初代は聖徳太子の乳母であった玉照姫で、五四八年に出家した日本仏教最初の尼僧です。二代目は阿波内侍で大原女のモデルといわれています。

そして有名な平清盛の娘、建礼門院は三代目です。建礼門院は十六歳で高倉天皇の皇后となり二十二歳で安徳《あんとく》天皇を生みます。しかし壇ノ浦の戦いで源氏に破れ、幼子の安徳天皇も含め、平家一門は海の藻屑となります。建礼門院もこのとき、自ら海へ身を投げますが源義経によって助けられ、ひとり生き残ってしまいます……。のちに出家し、この大原の地で平家一門の冥福を祈り、三十六歳でその波乱の生涯に幕を降ろすのです。

建礼門院の像、二代目の阿波内侍の像、そして、ご本尊の地蔵菩薩も復元され本堂に安置されていました。よく私たちが見ている国宝や重文といわれる仏像などは、何百年という歳月を経てしみじみとしたあじわいを醸し出すものですよね。

でも新しい地蔵菩薩は極彩色で、身につけている衣は朱色、緑、金色と目の覚めるような鮮やかな色。

はじめは「えっ……！」とひるみましたが、何百年前のものも、最初は極彩色だったのです。そう考えると、私は寂光院でこれからはじまる歴史の一ページに出合えたわけです。そして、何百年と時が過ぎたとき、私たちの子孫が時の流れを寂光院に見ます。それまで大切に守り、残していかなければいけないのです。先人たちがそうしてきたように……。

私たちの時代には、私たちが守らなければいけないものが、たくさんあると思います。それは先人が残したものであったり、子どもたちであったり、地球環境であったり……。

若いころは、そんなことを真剣に考えたことはありませんでした。でも、お寺めぐりをするようになって、「どうすれば、千年も前にこんなすごいものが作れたの？」とか「残っているの？」と、何かを感じ、考えるようになったのです。

上手くいえませんが、歴史あるものに触れるというのは、とても大事なこと。

だから寂光院で起きたようなこころない事件が、二度と起こってはいけないと思うのです。

来迎院【らいごういん】

大原三千院の東、呂川《ろがわ》に沿って木立の茂る山道を三〇〇mほど登っていくと、三千院の界隈の雑踏から離れ、次第に人の声も聞こえなくなってきます。

聞こえてくるのは、川の流れと鳥の羽音……。

来迎院までの一本道は急な坂道のためか、思ったより距離があるように感じます。息を切らしながら登っていくと、うっそうと茂る木立の中に門が見えてきます。平安時代末期、聖《しょう》応大《おうだい》師《し》良忍《りょうにん》が声明の道場として開山した来迎院です。

創建当時の来迎院は数多くの堂塔伽藍がありましたが、火災で焼失し、現在の境内は本堂、鐘楼、絵画や仏具などを納めた収蔵庫などがこじんまりと建っています。

声明の歴史はというと、平安時代初期、天台宗の開祖・最澄の弟子である円仁《えんにん》（慈覚大師）が中国に留学したときに声明が流行っており、それを学んだ円仁が、帰国後比叡山に伝えたといわれています。ところが平安時代も後期になると延暦寺は俗化し、そのため比叡山を下りて修行をする僧侶が増え、その多くは大原の里に修行の場を移したそうです。来迎院の開祖・良忍もそんなひとりでした。

声明とは節をつけて唱えるお経のことで、インドにはじまり、日本では浄瑠璃、謡曲、民謡などに強く影響をあたえたようです。キリスト教の教会音楽にも匹敵する仏教音楽です。たとえるなら日本のゴスペルとでもいえばいいのでしょうか。

この声明の唱え方を、初めてわかりやすく記した人が良忍上人です。良忍上人の修行は過酷で、毎日念仏を六万遍も唱え、滝に向かって声明を唱えたりもしたそうです。その滝が寺の東、三〇〇ｍほど山へ入ったところにあります。

この律川《りつがわ》の上流に位置する滝と良忍とにはこんな伝説が残っています。滝の音によって声明が乱されるのを恐れた良忍が、呪文を唱えて水の音を止めてしまったと、それ以来この滝は「音無しの滝」と呼ばれるようになったというのです。

呂川と律川に挟まれるように建つ来迎院。

薄暗い本堂の中、灯明に浮かぶ薬師、釈迦、阿弥陀の三如来像。見つめていると静寂の中、川の流れる音がだんだんとはっきり聞こえてきます。何ともここちよいその音は、心も体もやわらぐ音、滝の音に心乱されるという良忍の気持ちが少しわかったような気がしました。……ひょっとしたら、滝の音が声明の邪魔になったからではなく、良忍はあまりに美しい滝の音に心をうばわれることを、恐れたのではないでしょうか。

大原の里を流れる呂川と律川、このふたつの川の名は、声明の音階をいう「りょうりつ」に因んで付けられたそうです。また、「呂律《ろれつ》が回らない」というのも、この川の名が語源になっています。

その昔、僧侶や貴族らがたくさん集まって、声明の声がこだまする里として隆盛をきわめた来迎院。現在も日曜の勤行法話会で声明を聞くことができるそうです。

来迎院は私にとって大きな分岐点となったお寺です。二度目の訪問となったこのとき、偶然ご住職とお話することができました。話の途中でご住職が「京都のお寺はどのくらい巡られたのかな？」とお尋ねになったので、「二百ほどです」と答えると、「私があなたに教えられる主《おも》だった寺は、もう京都にはありません」と笑われてしまいました。

そして、教えてくださったのが滋賀県高月町にあるお寺でした。

ここにはとても美しい観音さまがいらっしゃるというのです。京都のお寺はすべてめぐり尽くしたなどと、そんな思い上がった気持ちはまったくありませんが、ちょっと行き詰まっていたのは確かです。ご住職の一言は、まさに天の声だったのです。

そして、ふたたび……
向源寺（渡岸寺観音堂）【こうげんじ（どうがんじかんのんどう）】

それはそれは美しい観音さまがあると聞いたのは、ある冬の日のこと。

暖かくなったら行ってみようとずっと思っていました。滋賀県の長浜市から北陸自動車道を福井方面へ向かっていくと木之本というインターチェンジがあり、そこから長浜へ少しもどったところに高月町があります。高月町は古くは大阪の高槻市と同じ「槻」の字でした。

「槻」はケヤキの古名で、この巨木がたくさんあったことから、高槻という地名がついたそうです。では、なぜ空の月になったのか……。

平安時代後期の歌人、大江匡房《おおえのまさふさ》が月見の名所と和歌を詠んだことから、「槻」の字から「月」に改めたのだそうです。

この高月町に美しい観音さまが、いらっしゃると聞きやって来ました。

そのお寺の名前は渡岸寺観音堂。

訪れた日は運良く桜が満開でした。渡岸寺観音堂の近くに流れる高時川の堤防沿いには、終わりのないほどつづく桜並木。迫力ある美しさでした。

目的の観音さまは、今から千三百年前に奈良で疱瘡が流行ったとき、聖武天皇に命ぜられた泰澄《たいちょう》というお坊さまが彫ったものです。体長一九五cm、重さ四四・三kg。一本のヒノキから彫られている十一面観音で頭の上に十個の顔、化仏《けぶつ》を持っています。まるで怒っているような顔の化仏。でもおもしろいことに、皆、少しずつ怒り方がちがうのです。その化仏十面と、観音さまの本来のお顔を入れて十一面なんですね。

メインの観音さまの顔は静かに微笑を湛えていました。私は正面から見るより左側の顔が好きです。耳にはイヤリングを付け、これがけっこう大きくて目立つのです。よく見るとイヤリングは鼓の形をしています。

十一面観音というのは真後ろ、後頭部にも化仏があるのですが、光背があったりして見えないことが多いらしいのです。でもここの十一面観音には光背はなく、ぐるり三百六十度見られます。真後ろにあるその化仏を見たら、まあ、じつに楽しそうに大口を開けて笑っていました。歯まで見せて。ほかの化仏とは対照的な表情でした。

この十一面観音がある渡岸寺は、八〇一年ごろ、隆盛を極めました。しかし一五七〇年、織田信長の浅井攻めの兵火にかかり、堂宇は焼失してしまいます。

このとき、十一面観音は村人の手により、土の中に埋められ身を隠して難を逃れたそうです。村人たちが命がけで守った十一面観音。そう思って見ると感慨ひとしおです。十一面観音が安置されている、渡岸寺観音堂。その境内には神社も一緒にあるからなのか、お寺とも神社とも形容しがたい不思議な雰囲気があります。

でも、どこか懐かしい気持ちになります。

そうそう仁王門の前の杉の木、これがすごい姿で伸びているのです。なにがすごいかというと、人が通る門の真ん中だけを避けて、斜めに伸びているのです。よく倒れないなと不思議なくらい。生命の力強さを感じます。

お寺のまわりを少し歩いてみました。すると「コトンコトン、コトンコトン」と電車の走る音が風に乗って聞こえてきます……。高月は、のどかで素朴な良いところです。

ところで、後から知ったのですが、この十一面観音は、つボイノリオさん(注)をはじめ男性に人気があります。静かな微笑みはもちろんですが、しなやかな体つきが何ともいえず美しく、心うばわれるのだそうです。

三井寺【みいでら】

琵琶湖の南部を中心に選ばれた、八つの景勝地を近江八景といいます。

紫式部ゆかりの石山寺は「石山の秋月」、瀬田川に架かる瀬田の唐橋は「瀬田《せた》の夕照《せきしょう》」と

(注) つボイノリオさん：名古屋のCBCラジオ「つボイノリオの聞けば聞くほど」のパーソナリティ。私の尊敬する人先輩です。

いわれ、どちらもとても美しい景色です。

そして、琵琶湖疎水の近くにある三井寺もまた、近江八景のひとつに数えられ、「三井の晩鐘」のある寺として有名です。京阪電鉄の三井寺駅から琵琶湖疏水に沿って五分ほど歩けば、正面の山の中腹にお堂の屋根のようなものが見えてきます。

はやる気持ちを抑え、山に向かって歩いていくと道が突き当たりました。左側を見ると三井寺観音堂と書いてあったので、そのまま長い石段を登り観音堂へと向かいました。先ほど山の中腹から顔を覗かせていたのは、観音堂でした。

観音堂からの眺めはすばらしく後ろには山、前には大津の町と琵琶湖が一望できます。吹き抜ける風は冷たかったのですが、空と琵琶湖が同じくらい青くて、とってもきれいな景色が広がっていました。正直、私はこれで満足していたのですが、入るときにいただいた三井寺のしおりを見ると、観音堂はほんの一部分に過ぎないのです。

三井寺はもっともっと広くて、どうやら私は反対側から入ってしまったようで、順番でいくと観音堂の展望台は最後だったようです。うっかり者の私にはよくあることなのです。

陽も傾きはじめていたので急ぎました。もちろん逆周りで!

しばらく歩くとパッと広がった境内に出ました。積み上げた石と白壁は城壁のようで、お寺というよりお城にいるような感じです。

三井寺は長い歴史の中で幾度となく戦火に巻き込まれましたが、豊臣家と徳川家の尽力で再興され国宝や重要文化財を数多く伝えています。豊臣秀吉が奈良の世尊寺《せそんじ》から伏見城へ移したものを、徳川家康が三井寺へ移築したという、なにやら曰くありげな三重塔。
ほかにも琵琶湖ならではの伝説を伝えるものなどもあります。

天智、天武、持統の三人の天皇が産湯に使ったという霊泉が湧き、泉を覆うお堂には左甚五郎《ひだりじんごろう》の手による龍の彫刻がありました。この龍、夜な夜な琵琶湖に出て暴れたため、甚五郎自ら五寸釘で打ち、鎮めたという伝説があります。確かに細かい鱗や今にも動き出しそうな姿は見事で、さすがは飛騨の匠、左甚五郎が彫ったもの！　魂がこもっていました。余談ですが左甚五郎の彫ったものが動くという話は、龍の彫り物に多いような気がしませんか？

さて、もうひとつ、伝説の鐘「弁慶の引き摺り鐘」と呼ばれる鐘があります。これはそのむかし、俵藤太秀郷《たわらとうだひでさと》が三上山の大ムカデを退治したお礼に、竜宮から持ち帰ったと伝わる鐘で、三井寺に奉納されていました。のちに延暦寺との争いで、弁慶が三井寺から奪い、比叡山へ引き摺り上げて鐘を撞いてみると、「イノー、イノー」と響いたというのです。関西弁でイノー（去のう）は帰るという意味があり、怒った弁慶は「そんなに三井寺に帰りたいのか！」と鐘を谷底へ投げ捨ててしまったのです。

そのときのものと思われる傷あとが、今も残っています。私はこの鐘を見たとき、傷よりもその大きさに驚きました。とても人が引き摺って運べるようなものではありません。この弁慶の引き摺り鐘は、鐘としての役目を終え、一六〇二年に現在の「三井の晩鐘」に後を譲ります。

私が「三井の晩鐘」に辿り着いたときには、沈みかけた夕日がうっすらと鐘楼の屋根を染めていました。近江八景のひとつ「三井の晩鐘」は「音の三井寺」として日本三銘鐘のひとつにも数えられ、一九九六年（平成八年）七月には「日本の残したい音風景百選」にも選ばれています。

いったいどんな音色がするのでしょうか？　大晦日の夜には鐘の音が聴けるようです。

そうそう、三井寺へは暖かくなってからがおすすめです。琵琶湖疏水沿いに植えられた満開の桜と、その間からちらりと見える観音堂の姿が美しいのだそうです。

身近にて……

正法寺【しょうほうじ】

髪のシンまで冷たくなるほど、寒い冬のある日。

私は小さいころからの思い出の場所を訪れました。橋の上から、長良川を眺めると、うっすら雪化粧をした鵜飼い舟が、まるで行き場をなくした木の葉のように川岸で揺れています。しんしんと音もなく降りはじめた雪の中、子どものころから幾度となく訪れたその思い出の場所へと向かいました。

私がまだ、よちよち歩きのころ、ここで出会ったペンギンやお猿さん。

小学生のころ、遠足で見た水族館の魚たち。

中学生のころは歴史で習った板垣退助の銅像を友だちと見に行ったっけ！

久しぶりに訪れた岐阜城の真下にある岐阜公園。私の子どものころにはなかった遊具など、見るものすべてが新しく、ただ驚くばかり。あのころのペンギンやお猿さんの姿はなく、水族館もずいぶん前になくなっています。ちょっと寂しい気持ちになりました。

先ほどからの雪は、目の前を真っ白にするほど激しく降り出しました。どこか暖かいところへ避難しようと思い歩いていると……。

あった！　板垣退助の銅像。あの、有名な言葉「板垣死すとも自由は死せず」といわんばかりに右手を力強く伸ばし、何かをつかもうとしています……。

変わらないものも、そこにはありました。

変わらないもの……といえば、私が生まれるずっと以前から、この岐阜公園の近くに座っている大仏さまがいるのです。実はこの大仏さま、奈良、鎌倉の大仏と並び、日本三大仏のひとつといわれています。

朱塗り三層の中国様式の大きなお堂のある正法寺。このお寺に岐阜大仏が祀られています。ご住職に案内され、大仏殿の低い入口をくぐり、中へ入りました。薄暗いのですが中は広々とした空間、上を見上げ、淡い陽の光に浮かび上がる大仏を見たとき「わあ！大きい」と、おもわず叫んでしまいました。

後ろから、「大きい大仏でしょう！」と話かけられたご住職の声が笑っていました。

さて、この大仏は骨格に木材を、その外側を竹で編んで体形を整えたうえから、粘土とおよそ三万巻にのぼるお経と金箔を貼って作られたもので、中は空洞になっている「日本一のかご大仏」です。

一八三二年に、人々が力を合わせ三十八年もの歳月をかけて完成させた大仏さま、高さは一三・七m、奈良の大仏より小柄ですが、鎌倉の大仏よりは大きい。正面に立つと、大仏さまの目線とちょうど向き合えます……というのも、大仏さまは少し前かがみに作られているからなのです。

そのおだやかな表情は訪れる人の心に、やすらぎをあたえてくれます。

日本の文化である木と紙で作られているこの大仏さまが、戦争中も難を逃れ、ここにこうして座っている姿を見られるのは、奇跡としかいいようがありません。

専修寺【せんじゅじ】

三重県津市一身田町《いしんでんちょう》にある専修寺、親鸞聖人ゆかりのお寺です。専修寺は、親鸞聖人が亡くなっておよそ二百年後の一四六五年に建立されました。御廟には親鸞聖人の遺骨が納められているそうです。

皇室の祈願所にもなり、歴代の住職の中には皇族の方もいらっしゃるそうです。

お寺の外塀には五本の白線が入っていて、これは皇室とのつながりを表わすものです。天皇家ゆかりのお寺の外塀には、必ず五本の白線が入っていますから、お寺めぐりをするときには、覚えておくといいかもしれませんよ。

境内はとても広く、だれでも気軽に入ることができます。

過去二度の火災に遭いますが、江戸時代に再建され、今の姿となっています。

私が訪れたときには、親鸞聖人の御木像を安置する御影堂《みえいどう》は修復中でしたが、二〇〇七年（平成十九年）十二月二十日に修復が完了し、参拝できるようになりました。

御影堂は開山の親鸞聖人の御木像を中央に、歴代上人の御影を両脇に安置するお堂です。間口が四二・七三m、奥行三三・五〇m、畳は七百二十五畳敷きという、巨大さ。重要文化財に指定された木造建築の中で、五番目の大きさだそうです。

専修寺には予約をすれば見ることのできる雲幽園《うんゆうえん》という庭があります。池や茶室があり、とても趣きのある庭です。茶室へは飛び石をつたって行くのですが、飛び石は丸いもの、角ばったものと形もさまざまなのです。

このお茶室には、信長の弟、織田有楽斎と千利休の長男、道安という二人の茶人のこだわりが、いっぱいつまっていて、それぞれの名前から一文字ずつとって安楽庵という名がついています。

たとえば、茶席は畳が二畳半で、そこに鱗板《りんばん》という木の板が半畳分入って、合わせて三畳という小さな部屋なのですが、この鱗板がすごいのです。斜めから見ると細かい線がたくさん見え、それが角度や光の当たり方で微妙なにじみ具合を見せます。この鱗板は有楽斎の好みだったそうです。一方、道安は足が不自由だったため、長い時間正座をすることができなかったそうです。ですから、客席と亭主席との間に襖を設けて、茶道具を運ばせてから、襖を開けてお点前をしたそうで、この形式を「道安囲」といいます。道安の工夫とプライドが感じられますよね。案内をしてくれた方の説明もわかりやすくて、茶道の「わび・さび」の奥の深さをあらためて感じました。

この庭で、ふと気づいたことがひとつ。飛び石の配置を見て思ったのですが、飛び石は、ここで立ち止まって、茶室を眺めてほしいなあという作者の意図的な配置になっているような気がするのです。大きさを変えるとか、まっすぐ並んでいたのを、ちょっと外すとかね！これは、あくまで私の推測です。

専修寺は彫刻も見事です。親子の獅子、力士、菊やボタンの透かし彫り、思わず唸る匠の技の数々。そして忘れずに如来堂を見上げてみてください。そこには、夜になると蓮池に餌をさがしにきたと伝えられている、飛騨の匠・左甚五郎作の鶴がいます。それは、今にも飛びたちそうな鶴の彫刻でした。

音楽寺【おんがくじ】

梅雨の季節にあじさいの花がとてもきれいに咲く、愛知県江南市にある音楽寺。

このお寺の名前を聞いた人は、決まって「お寺にしては、めずらしい名前だね」といいます。確かに、「おんらくじ」と発音するならありそうですけどね……。

でも、とてもいい響きの名前だと思いませんか？

江南市には藤の花で有名な曼陀羅寺《まんだらじ》というお寺があります。音楽寺は曼陀羅寺から北東方面へ歩いて二十分くらいのところにあります。

音楽寺は江南市でもっとも古いお寺で、ここは知る人ぞ知る、円空仏のあるお寺として有名です。ここでちょっと十年前の話を聞いていただけますか。

私がこのお寺と初めて出会ったのは、十年前のこと。曼陀羅寺に藤の花を見に出かけ、お寺でいただいた周辺地図を見ると音楽寺が載っていたのです。はじめにも書いたように、私も「音楽寺？　珍しい名前のお寺だな」と名前に惹かれて寄ってみました。

曼陀羅寺からは、けっこう歩きました。田んぼの真ん中に緑茂る小さな森が見えてきて、そこに音楽寺がありました。お堂と本堂があるだけの本当に小さな、そして静かなお寺。このときは、お寺にどなたもいらっしゃらなくて、円空仏を拝むこともできず、音楽寺を後にしました。

あれから十年、音楽寺で行われているあじさい祭りのことを知り出かけてみたのです。あの森に近くなったころ、何やら十年前と様子が違うことに気づきました。

なんと、カラオケ大会が行われていたのです。音楽寺の名にふさわしい、にぎやかさ！　みなさん楽しそうに歌っていらっしゃいましたよ。

梅雨のこの季節には、地元の人たちが丹精込めて育てた十五種類、約千二百株のあじさいが、境内いっぱいに咲き誇ります。この時期ばかりは、音楽寺も訪れる人でいっきに賑わうようです。

丸い形がかわいい西洋アジサイに、何とも趣きのあるガクアジサイ、白、青、薄いピンクに濃いピンク、紫……と色とりどりの花。梅雨の季節、宝石をちりばめたように華やかに咲くあじさいの花は、私たちの目を楽しませてくれます。

ところで、境内には十年前にはなかった白壁土蔵造りの資料館がありました。ここには、この地方出身、鉈《なた》一本で仏像を彫るという円空が彫った、数々の仏像が収蔵されています。円空仏を収蔵する資料館、ここには薬師三尊像をはじめ、十二神将など、円空の彫った仏像が十六体ありました。

円空は江戸時代前期のお坊さんで、現在の岐阜県羽島市の生まれといわれています。各地を旅しながら仏像を彫った人で、鉈またはノミ一本で仏像を彫ることで有名です。円空の彫った仏像は荒削りですが、木の素材を生かし、仏像の何ともいえない微笑みからは、温もりさえ感じられます。

円空ファンは全国各地にいらっしゃるようで、あじさい祭りのこの日の午前中には、わざわざ東京から円空仏を見に来られた人もいて、管理をされている方が驚いていらっしゃいました。

さて、この寺の円空仏。近年の木の年輪によって年代が計測できるという「年輪年代法」で測定した結果、円空が一六七六年ごろ、音楽寺に立ち寄り彫ったといわれている仏像の木は、一六七一年の伐採と判明。また木の中心部などを使ったほかの像も、円空が亡くなる以前の伐採と推定でき、音楽寺にある一群の仏像は円空作を裏付けることになったのです。仏像に使われた木の多くは、樹齢四百年以上のヒノキだったそうです。

そして、今回、円空のことで、私にも新たな発見がありました。十六体の内十五体の仏像は五本の木から作られたもので、円空は一本の丸太を何等分にも割り、材料を無駄にしないようにして仏像を彫ったようなのです。いいところだけを使うのではなく、切り倒した木を大切に使い仏像を彫った円空。

円空のやさしい、あたたかい心が伝わってきます。

そう……だから、円空の彫る仏像は、みな、やさしい顔をしているんですね。

定光寺【じょうこうじ】

みなさんは、こころが疲れたとき、どんなことをして、その疲れを癒しますか？

美味しいものを食べますか？

音楽を聞きますか？

旅に出かけますか？……

癒し方は、人それぞれですよね。

私のお寺めぐりは、疲れたときに出かけ、できるだけ人と接することなく、静かにその場所に身を置くという、現実逃避のようなものでした。

なんともいえない空気感が漂い、体も気持ちもリフレッシュできる……。

お寺めぐりは、私にとっていつしか、なくてはならないものになっていたのです。

十二年間のお寺めぐりで、私自身大きく変わるきっかけが三度ありました。

薬師寺のときにも書いていますが、宮大工の西岡常一さんの存在を知ったとき。

来迎院のご住職に、これからのお寺めぐりのヒントをいただいたとき。

そして、身近なお寺をめぐりはじめたとき。

今だからいえますが、私はすごく面倒くさがりやで、気ままなのが好き。だから、檀家さん中心のお寺はずっと避けてきたのです。ところが、私がパーソナリティを務めるＣＢＣラジオの加藤ディレクターに、もっと地元のお寺をめぐった方がいいと、勧められたのです。檀家さん中心のお寺は、法事や行事があると、拝観できないことが多いのです。私は気ままに出かけて行って、いつでも自由に拝観することができるお寺（観光寺がそうです）の方が面倒がなくてよかったのです。

ましてや、職権乱用ではありませんが、ラジオ局の名前で入れてもらうのは、フェアでないと思っていました。だれが訪ねて行っても、いつでも拝観させてくれるお寺……それが、ささやかな私の中の決まりごとでした。今でもそのスタンスは変わりません。

でも、良いものをたくさんの人に知ってもらおうと思えば、時にはそれも必要かなと、思えて来たのです。

そんな中で、愛知県吉良町の華蔵寺《けぞうじ》、大治町の明眼院《みょうげんいん》、瀬戸市の定光寺は、お寺というのは、人と関わっていくものだということを教えてくれたところです。

定光寺を訪ねたことは、まさに私のお寺めぐりの転機でした。

定光寺、このお寺を初めて訪れたのは、桜にはまだちょっと早い、ある春の朝。中央線の定光寺駅から歩いておよそ二十分、かなりきつい坂道をしんどい思いをして登ったことを覚えています。お寺の門前から、さらに石段をのぼり、やっとの思いで辿りついたときには、ふくらはぎがパンパンに張っていました。

境内には本堂、そして尾張藩の初代藩主で、尾張徳川家の始祖である、徳川義直《とくがわよしなお》公の御廟があります。本堂のお地蔵さまは、八三八年、十七回目の遣唐使にもなった小野篁によるものだそうです。境内の一角からは、瀬戸の街はもちろんのこと、名古屋の街も一望できます。遠くに霞むセントラル・タワーズやミッドランド・スクエアなどすばらしい眺めです。

この日はご住職が境内にあるお堂の片付けをしていらっしゃいました。忙しい中、いろいろとお話をしてくださったのです。

お寺というのは亡くなった方を弔うだけではなく、亡くなった方を偲んで人が集まる場所。むかしならお寺で子どもたちに字を教えたり、情報交換をする場所であったりと、人が集う場所＝それがお寺のあり方だということを教えていただいたのです。

それまで、人から逃れるために足を運んでいた空間が、一変しました。私のお寺めぐりは、人との関わりを求めるものになったのです。

今では、可能な限りお寺の方とお話をするようにしています。それが楽しみとなりました。

……人は変われるものなのですね。

おわりに

思えばいろいろな人に叱咤、激励されながらここまで来ることができた十二年でした。

お寺めぐりをはじめて三年目、ＮＨＫで新しいラジオ番組を持たせていただくとき、「何か、自分の企画でやってみたいことありますか？」とスタッフにきかれ、おそるおそる「ラジオでお寺めぐりのコーナーをやってみたいです」といったのです。

そのときに「神山君はいろいろ巡っていてなかなか詳しいんだよ！」と、口添えをしてくださったのが故平山喜三郎さん。いつも私の書くナレーション原稿がぎりぎりで、本番で音楽をつけるときにご迷惑をかけた番場日佐史さん。ＮＨＫ名古屋のスタッフのみなさん、ありがとうございました。

ＮＨＫでの四年間は自分にとっていろいろな意味で挑戦の日々でした。ここでの経験がなければ、今へは繋がらなかったと思います。

そして、ＣＢＣラジオのスタッフのみなさん！　どれだけ感謝してもしきれません。

ＡＭラジオで、よくぞお寺の話をさせてくれました。

このときも「何か、自分でやってみたいこと、ありますか？」と天の声かと思うような、加藤正史ディレクターからの問いかけに、迷うはずもありません。

「あのう、お寺めぐりが趣味で……」というと、「いいですね！　リスナーのみなさんにラジオでミニ旅行してもらいましょうか」と即決でした。

気がつけば、あの日からもう四年が過ぎました。はじめはいろいろうるさかった……失礼！助言をしてくださった加藤さんも、今では「ここは、神山さんの世界ですから……」と言ってくださいます。八年間ラジオでしゃべってきて、やっと神山里美といえばこれ！と誇りがもてるものができました。CBCラジオのスタッフのみなさん、ありがとうございます。

そして何よりもうれしいのは、リスナーのみなさんの、

「情景が思い浮かびます」

「ラジオで旅をさせてもらっています」

「あのお寺の境内は学生のころ大学へ行くのに毎日通りぬけていました」

「今、家の近くのお寺の話をしてるから農作業の手を休めて聞いてます」

「今日はどこへ連れて行ってくれるのか、毎週楽しみにしています」

という温かいメッセージ。それだけではなく、良いお寺がありますよ！と教えていただくこともあるのです。みなさん本当にありがとうございます。

十二年間つづけてきたことが、こうして形になるのは、私のまわりで支えてくださっているみなさんのおかげです。

一回りした私のお寺めぐり、新たなるスタートはみなさんとともに……です。

紹介した寺の一覧（住所と電話番号）

新薬師寺　奈良市高畑町1352　0742-22-3736
薬師寺　奈良市西ノ京町457　0742-33-6001
法起寺　奈良県生駒郡斑鳩町大字岡本1873　0745-75-5559
飛鳥寺　奈良県高市郡明日香村飛鳥682　0744-54-2126
橘寺　奈良県高市郡明日香村橘532　0744-54-2026
飛鳥京観光協会　奈良県高市郡明日香村島庄5　0744-54-2362
十輪院　奈良市十輪院町27　0742-26-6635
喜光寺　奈良市菅原町508　0742-45-4630
秋篠寺　奈良市秋篠町757　0742-45-4600
龍安寺　京都市右京区龍安寺御陵下町13　075-463-2216
正伝寺　京都市北区西賀茂北鎮守庵町72　075-491-3259
廬山寺　京都市上京区寺町広小路上ル　075-231-0355
法然院　京都市左京区鹿ケ谷御所ノ段町30　075-771-2420
安楽寺　京都市左京区鹿ケ谷御所ノ段町21　075-771-5360
金戒光明寺　京都市左京区黒谷町121　075-771-2204
千本えん魔堂　京都市上京区千本通鞍馬口下ル　075-462-3332
妙心寺塔頭・東林院　京都市右京区花園妙心寺町59　075-463-1334
六角堂　京都市中京区六角通東洞院西入　075-221-2686（池坊総務所）
橘寺　京都府宇治市宇治東内11　0774-21-2662
金福寺　京都市左京区一乗寺才形町20　075-791-1666
祇王寺　京都市右京区嵯峨鳥居本小坂32　075-861-3574
おたぎ念仏寺　京都市右京区嵯峨鳥居本深谷町2-5　075-865-1231
石峰寺　京都市伏見区深草石峰寺山町26　075-641-0792
三十三間堂　京都市東山区妙法院前側町447　075-561-0467
海住山寺　京都府木津川市賀茂町例幣　0774-76-2256
泉涌寺　京都市東山区泉涌寺山内町27　075-561-1551
蓮華寺　京都市左京区上高野八幡町1　075-781-3494
寂光院　京都市左京区大原草生町676　075-744-3341
来迎院　京都市左京区大原来迎院町537　075-744-2161
向源寺（渡岸寺観音堂）　滋賀県伊香郡高月町渡岸寺　0749-85-2632
三井寺　滋賀県大津市園城寺町246　077-522-2238
正法寺　岐阜市大仏町8　058-264-2760
専修寺　三重県津市一身田町2819　059-232-4171
音楽寺　愛知県江南市村久野町寺町73　0587-55-7628
定光寺　愛知県瀬戸市定光寺町373　0561-48-5319
妙心寺塔頭・退蔵院　京都市右京区花園妙心寺町35　075-463-2855
東福寺塔頭・雪舟寺　京都市東山区本町15丁目803　075-541-1761
東福寺塔頭・天得院　京都市東山区本町15丁目802　075-561-5239
天寧寺　京都市北区鞍馬口通寺町下天寧寺門前町301　075-231-5627
天龍寺　京都市右京区嵯峨天龍寺芒ノ馬場町68　075-881-1235
談山神社　奈良県桜井市多武峰319　0744-49-0001
法輪寺　奈良県生駒郡斑鳩町三井1570　0745-75-2686
般若寺　奈良市般若寺221　0742-22-6287
妙顕寺　京都市上京区妙顕寺前町514　075-414-0808
源光庵　京都市北区鷹峯北鷹峯町47　075-492-1858
妙覚寺　京都市上京区上御霊前通小川東入　075-441-2802
あだしの念仏寺　京都市右京区嵯峨鳥居本化野町17　075-861-2221
遍照院　愛知県知立市弘法町弘法山19　0566-81-0140

神山里美（こうやま　さとみ）

一九六二年、岐阜県岐阜市生まれ。

ＣＭタレントとして活躍するとともに、ラジオ番組やテレビ番組に多数出演。

一九九一年には、一緒に番組を担当していたＣＢＣの重盛啓之アナウンサーと、キングレコードからユニット名「Melody」として「いつでもどこでも」を発売。一九九三年には２nd シングル「地平線追いかけて」、二〇〇六年「あなたこそすべて」、二〇〇七年「星に約束」を続けてリリース。

一九九六年、ＮＨＫで放送されていた「古寺巡礼」を見たことがきっかけとなり、寺めぐりをはじめる。ＮＨＫのラジオ番組「ＦＭトワイライト」で、自ら構成も手がけた「テラへのコーナー」を四年にわたり放送。その後、ＣＢＣラジオ「サンデーミュージックあさパレ」～「神山里美のホッと！na日曜」で、自らの体験と構成で、寺めぐりの話を現在も放送中。

十二年間でめぐった寺は約四百ヵ寺。当面の目標は千ヵ寺。

こころの寺めぐり

２００８年10月７日　初版第１刷　発行
２００８年11月11日　初版第２刷　発行

著者　神山里美

発行者　ゆいぽおと
〒４６１-０００１
名古屋市東区泉一丁目15-23
電話　０５２（９５５）８０４６
ファックス　０５２（９５５）８０４７

発売元　ＫＴＣ中央出版
〒１１１-００５１
東京都台東区蔵前二丁目14-14

印刷・製本　モリモト印刷株式会社

内容に関するお問い合わせ、ご注文などは、すべて
右記ゆいぽおとまでお願いします。

ISBN978-4-87758-420-7 C0095

ゆいぽおとでは、
ふつうの人が暮らしのなかで、
少し立ち止まって考えてみたくなることを大切にします。
テーマとなるのは、たとえば、いのち、自然、こども、歴史など。
長く読み継いでいってほしいこと、
いま残さなければ時代の谷間に消えていってしまうことを、
本というかたちをとおして読者に伝えていきます。